D1080635

# DES GENS TRÈS BIEN

Alexandre Jardin est né en 1965 d'un père irréel et d'une mère héroïne de roman. Auteur, mari, père émerveillé et cinéaste parfois, il s'efforce de mener une existence dénuée de fausseté dans une époque qui exige des rôles.

*Paru dans Le Livre de Poche :*

CHAQUE FEMME EST UN ROMAN

QUINZE ANS APRÈS (FANFAN, 2)

LE ROMAN DES JARDIN

ALEXANDRE JARDIN

# Des gens très bien

Édition revue et corrigée par l'auteur

BERNARD GRASSET

## NOTE DE L'AUTEUR

Depuis la parution de mes *Gens très bien* aux éditions Grasset, en janvier 2011, de nombreux documents ont été exhumés de fonds d'archives par l'historienne Annie Lacroix-Riz ; et continuent de l'être, au hasard de ses recherches. Une partie seulement se trouve citée dans ce texte très personnel dont l'objet n'est pas de faire œuvre d'historien. Au vu de ces pièces qui me désespèrent, l'honnêteté m'impose de dire la vérité : la biographie de Jean Jardin reste à écrire. Certaines complaisances ne sont plus possibles.

*À mon père, ce fils qui me manque tant.*

# I
# Fini de rire

Né Jardin, je sais qu'il n'est pas nécessaire d'être un monstre pour se révéler un athlète du pire. Mon grand-père – Jean Jardin dit le Nain Jaune – fut, du 20 avril 1942 au 30 octobre 1943, le principal collaborateur du plus collabo des hommes d'État français : Pierre Laval[1], chef du gouvernement du maréchal Pétain. Le matin de la rafle du Vél d'Hiv, le 16 juillet 1942, il était donc son directeur de cabinet ; son double. Ses yeux, son flair, sa bouche, sa main. Pour ne pas dire : sa conscience.

Pourtant, personne – ou presque – n'a jamais fait le lien entre le Nain Jaune et la grande rafle, étirée sur deux jours, qui coûta la vie à la presque totalité des 12 884 personnes arrêtées ; dont 4 051 enfants.

En tout cas pas les Jardin ; et certainement pas mon père Pascal Jardin, dit le Zubial. Trop habitué à congédier le réel.

---

1. Fusillé le 15 octobre 1945 après que le général de Gaulle lui eut refusé la grâce.

Les secrets de famille les mieux gardés s'affichent parfois sous leur meilleur profil. Dans une lumière éblouissante qui les rend presque invisibles. Comme ces toiles de maîtres volées sous Hitler à des collectionneurs juifs puis accrochées aux murs des salons allemands. Les héritiers actuels ont beau les avoir sous le nez, éclairées avec soin, aucun ne voit leur origine glaçante. Ma famille fut, pendant un demi-siècle, championne toutes catégories de ce sport-là : s'exhiber pour se cacher. Mettre du plein soleil là où, chez nous, il y avait eu trop de nuit et de brouillard. En ayant le chic pour enrober l'intolérable de bonne humeur, d'ingénuité et de pittoresque.

Comment ai-je fait pour me dégager de la vérité officielle de nos ascendants si fidèles à Vichy ? pour finir par accepter ma honte d'être de cette lignée-là de gens supposément « très bien » ? Et ma colère devant l'évidence que le pire pût être commis dans nos rangs sans qu'on y ait jamais vu à mal. Sans que la moindre gêne fût ouvertement exprimée. Même si, bien sûr, il ne m'a pas échappé que les vrais commanditaires de l'horreur furent avant tout des Allemands : Heinrich, Oberg, Dannecker, Knochen et d'autres.

Ce secret français tient en une scène, que j'ai mis vingt-cinq ans à voir avec la bonne focale.

Chacun des Jardin aurait pu la convoquer dans son esprit mais, préférant le refuge du flou à l'horreur de la netteté, nous ne savions pas comment regarder de face sans suffoquer une telle débâcle morale. Comme des millions de familles françaises, anxieuses d'ouvrir les placards moisis de la collaboration.

Sauf que chez nous, l'affaire était énorme ; comme souvent chez les Jardin habitués à l'improbable. Et aux épisodes où l'Histoire exagère. Cette fois, la vérité sombre était dissimulée sous des kilos de gaieté, des centaines de pages de littérature chatoyante, un vrac de souvenirs cocasses, une tornade d'anecdotes. Moi-même, j'y ai contribué en perpétuant la légende nourricière des Jardin ; farcie de galopades et de situations enjôleuses. En m'abritant systématiquement derrière un masque de légèreté, un optimisme de façade, une fausse identité frivole. Issu de la honte, j'ai choisi le rire ; un rire longtemps forcé.

Pour faire oublier ma double vie, plus mélancolique.

Une existence parallèle et ombreuse que j'ai toujours pris soin de dissimuler ; en m'affichant comme un auteur de romans ensoleillés. Et amoureux du rose. Cette vie-là fut celle d'un homme au front nuageux qui, depuis l'âge de seize ans, tourne autour d'une scène qui continue de lui couper les jarrets. Un épisode qui m'a éclairé sur les gens intelligents et très convenables qui commettent l'irréparable en se réfugiant dans les bras de leur bonne conscience. Un chapitre vichyssois qui m'a conduit dès la sortie de l'adolescence à mener une réflexion obsessionnelle – et quasi clandestine – sur les destructeurs des Juifs et leurs collaborateurs. Méditation directement issue de ma position particulière. Qui reste non pas une étoile jaune mais une croix. Et pas une croix de Lorraine.

Cette scène irréfutable, la voici.

Le matin de la rafle du Vél d'Hiv, le 16 juillet 1942, la chasse à l'homme juif est lancée depuis cinq heures du matin. Par ses fonctions, celui qu'on appellera plus tard le Nain Jaune connaît les grandes lignes de cette battue ; même si les détails lui demeurent sans doute opaques. Jardin n'est pas Bousquet, bien entendu, mais rien de ce qui se décide au plus haut niveau n'échappe à ses arbitrages, aux conseils aiguisés qu'il distille jour après jour à Laval. Il est son directeur de cabinet en titre, et sans doute l'un des décideurs les mieux informés de France. Les cris des mamans affolées retentissent dans les cages d'escaliers des arrondissements parisiens. Les Juifs – déjà marqués d'une étoile jaune par le régime qu'il sert – sont arrachés, ahuris, de leur domicile par la police française, regroupés sous bonne garde dans des camps dits primaires ; avant d'être concentrés sans eau ni hygiène minimale à Drancy ou sous la grande verrière du Vélodrome d'Hiver de Paris. Un mètre carré par âme. Dans cette marmite de l'horreur, assoiffés et condamnés à des sanitaires bouchés, les captifs font déjà leurs déjections contre les murs. Des femmes à bout tentent de se jeter du haut des gradins. Des opérés de la veille, tirés de leur lit d'hôpital, subissent des hémorragies, des

éventrements. On pourrit à l'étuvée. Et en silence ;
car le régime piloté par le Nain Jaune garrotte la
presse.

Tous ont cru que la France, c'était la protection.

Que l'impensable ne pouvait être pensé dans un
cerveau français.

Que les Gaulois ne les livreraient jamais aux
Germains.

Qu'un régime obsédé par la famille ne les sépa-
rerait pas de leurs enfants.

Au même instant, à Vichy, le Nain Jaune veut
croire que ces gens-là sont voués à être déportés
« vers l'Est ». Je l'imagine allumant sa première
cigarette, une Balto, se noyant dans la fumée qui
lui cache le réel. Au deuxième étage de l'hôtel du
Parc, siège du gouvernement, son secrétariat
s'active déjà. Ses dactylos sentimentales remar-
quent-elles son profil d'épure ? Et son charme
irrésistible qui, au dire du Zubial, ressemble à la
beauté ? Sans doute commande-t-il autant à
l'administration centrale qu'à leurs cœurs. Au loin,
l'Allier étire ses eaux claires et lentes. Aucun hur-
lement des enfants du Vél d'Hiv ne parvient à ses
oreilles qui, pourtant, sont réputées entendre tout
ce qui bruit, complote ou grogne sur le territoire.

Il est huit heures et, comme chaque matin
depuis sa prise de fonction, Jean rejoint – dans un
bureau restreint jouxtant celui de Laval – deux
personnalités éminentes : Jacques Guérard, secrétaire général du gouvernement, et le falot directeur des services administratifs. Leur trio forme

l'épicentre du pouvoir exécutif français ; comme il est d'usage dans notre France colbertiste où les cabinets sont l'âme et le muscle cardiaque de l'action publique. Le directeur des services est une courroie technique qui assure la liaison avec les ministères et les bureaux directement rattachés à Laval (Commissariat général aux questions juives, etc.). Guérard, en principe, occupe une fonction plus nettement politique ; oui mais voilà, Laval ne l'encadre pas. Or le crédit fait ou défait ce type de fonction. Il envisage même le renvoi de ce petit gris, pas son genre, l'administration faite homme. Un ruminateur de dossiers que Laval traite en larbin devant des tiers. Directeur de son cabinet, Jean Jardin, lui, est joufflu d'esprit, tout en discrétion et aussi habile avec les rusés qu'avec les simples. Il jouit de sa confiance ; ce qui, dans la fosse aux caïmans de Vichy, reste une denrée rare. En ces temps de fourberie nationale, la loyauté de Jardin lui est si précieuse que Laval en a fait, en deux mois à peine, une sorte de vice-ministre lorsqu'il s'absente. Un morceau de Richelieu ou de père Joseph [1] semble accroché à lui. Jean Jardin est à présent l'homme verrou par qui il faut passer pour accéder aux audiences qu'il accorde chaque

---

1. Conseiller et âme damnée du cardinal de Richelieu, disposant d'un vaste réseau de renseignements de moines capucins. (Mes notes en bas de page pourront paraître nombreuses mais j'ai tenu à ce que les plus jeunes, moins familiers de certaines références, puissent être aidés dans leur lecture.)

après-midi à l'hôtel du Parc de 14 h 30 à 18 heures. Pour insérer au mieux la France de la Révolution nationale dans la nouvelle Europe rêvée par Hitler, Laval a besoin de sa souplesse courtoise qui sait si bien débrouiller ses relations éruptives avec le maréchal Pétain, logé à l'étage du dessous. Ah, il est si doué pour arrondir les susceptibilités, astiquer les ego, les encaustiquer. Et puis, Jean ne lésine pas sur le tact dans ses contacts officiels ou officieux – à son domicile privé de Charmeil notamment – avec l'occupant nazi. De surcroît, il sait tout sur presque tout ; et digère promptement les rapports qu'il reçoit directement des préfets ou des services de renseignements. La confiance entre les deux hommes est telle que Laval supervise à peine la distribution des fonds secrets qu'il lui a confiée ; il s'agit notamment d'arroser la presse la plus collaborationniste qui ne cesse de pulvériser ses bacilles de haine et toute la faune écrivassière stipendiée par le régime. Comment Pierre Laval n'accorderait-il pas un crédit total à un type aussi correct ? Alors que l'autre dispensateur de l'argent noir – à Paris –, André Guénier, doit lui rendre des comptes précis sur les récipiendaires. Ce qui indique à quel point Jean Jardin bénéficie d'une délégation de pouvoir de fait.

À huit heures donc, comme chaque matin, le Nain Jaune allume sa première cigarette ; tandis que son patron auvergnat noue sa cravate blanche à une demi-heure de route, dans son domicile de Châteldon. Le regard de Jardin est assorti à la droiture qu'il cultive même si, déjà, il sait être plusieurs. Depuis le début du mois de juin, sanglé dans son complet croisé de flanelle grise, Jean a la situation bien à sa main. Pétainiste de cœur, il cuve son autorité avec une modestie de bon aloi en s'octroyant double ration de nicotine. Désormais, ce collaborateur à l'haleine intelligente sait devancer les faits et anticiper les désirs de Laval, parsemer d'humour leurs conversations ponctuées de quintes de toux féroces, lui arracher une signature opportune, éconduire les importuns, assécher les ennuis. Bref, piloter son cabinet en affectant des tenues nettes. Reçoivent-ils enfin le coup de fil tant attendu de René Bousquet, le fringant secrétaire général de la police, en charge de cette histoire un peu gênante de rafle ? Ou de son adjoint Jean Leguay ? C'est fort probable... L'avisé Bousquet – que Jean reçoit parfois à Charmeil dans la maison des Jardin [1] – n'ignore pas que la réunion du matin à l'hôtel du Parc a lieu à huit heures précises et que le Président est anxieux. Pas pour les familles juives, non, dont un certain nombre sont d'ailleurs naturalisées « depuis si peu de temps ». Laval redoute surtout une réaction des « bons Français » ; un débordement populaire qui affaiblirait sa position face aux Allemands. Ouf,

---

1. Voir la scène cocasse que rapporte mon père dans *La Guerre à neuf ans* (Grasset), sur le mode allègre-doux de la comédie. À cette époque, le Nain Jaune recevait donc Bousquet *chez lui* et non au bureau.

tout s'est bien passé. Quelques rares suicides à déplorer mais pas de grabuge avec la population parisienne, qui ne s'est pas interposée. L'opinion – capitale aux yeux de Laval – n'a pas moufté. Quelle judicieuse idée d'avoir mené cette affaire à l'heure du laitier… Le Vél d'Hiv commence à bien se remplir, leur affirme-t-on au téléphone. Mais l'objectif raisonnable de 25 000 arrestations paraît hors de portée. On en escompte à peine 13 000. Aïe ! Jardin se gratte le nez, éteint sa cigarette et entame son premier litre de café. Encore des ennuis en ligne de mire, des tracas avec les Allemands qui vont venir pleurnicher dans son bureau ; surtout le SS Dannecker et ce désagréable général Oberg, chef suprême de la SS et de la Police (Höherer SS und Polizeiführer pour la France), qui se montre parfois si insistant… Parce que Bousquet, soyons sérieux, est un homme nommé par le pouvoir qui se hausse du col ; dégourdi, et capable d'initiatives glaçantes on le sait bien[1], mais assez benêt pour signer des papiers compromettants ou parader devant des photographes. Les choses sérieuses, l'arbitrage de haute politique dans l'ombre, les marchandages plus vastes avec l'occupant, c'est Laval ; et Laval, c'est lui, Jardin. Or, en cette mi-juillet 1942, l'ubiquitaire Jean Jardin n'a pas du tout l'intention de

---

1. Voir les accords Bousquet-Oberg… clé de voûte de l'emploi de la police française qui, désormais, assurera presque seule les rafles de Juifs.

lâcher le guidon. On ne quitte pas un poste exposé, se répète-t-il en homme de devoir qui accepte d'endosser un sort insoluble. Et qui se fait même une haute idée du sacrifice personnel auquel il consent, à l'instar du Maréchal, pour que « la France de demain, même mutilée, soit plus grande que celle d'hier ». Même si les emmerdes ne cessent de se déverser sur son bureau : que faire, par exemple, des quatre mille enfants juifs arrêtés ce matin et dont les Allemands, apparemment, ne veulent pas ? Jean, ému, a bien senti leur réticence. Encore des complications à venir. Une chose les tracasse vraiment, lui et son patron : ces petits Juifs – dont les noms ne rendent pas une résonance évoquant une parcelle de notre verger français, n'est pas loin de penser Jardin – pourraient bien finir par émouvoir l'opinion nationale. Pressé, le trio achève le dépouillement du courrier du jour, en extrait l'essentiel : les nouveaux textes législatifs et réglementaires ainsi que les dossiers qui présentent un risque politique immédiat. Après le coup de tabac militaire de l'été 1940, il faut se hâter de collaborer au plus près et faire voguer l'avenir tricolore au cœur de l'Europe hitlérienne. Avec l'espoir fou, peut-être, de civiliser le nazisme… À neuf heures trente tapantes, le Président déboulera en voiture de son domicile de Châteldon et le bal de l'ignominie d'État s'ouvrira vraiment.

Pourquoi Jean n'a-t-il pas démissionné ce 16 juillet 1942 ?

Sans doute – si révoltant cela puisse-t-il paraître – parce qu'il crut faire le bien, selon son code éthique aussi rigoureux qu'éloigné du nôtre ; ou le moindre mal qui lui semblait alors ressortir à une forme atténuée de la grandeur. Génétiquement catholique, il fut ce qu'on appelle une conscience démangée par une morale exigeante. Une sorte de bloc d'innocence qui le rendait d'autant plus dangereux. Rien à voir avec un gestapiste de cinéma ; rien chez lui des claqueurs de talons qui aboyèrent à Vichy des opinions hargneuses. À croire qu'il s'était égaré en leur compagnie. Pourtant, il fut bien ce 16 juillet 1942 le protagoniste de cette scène vichyssoise centrale. Et un acteur capital, sans jamais se renier par la suite, de l'un des plus criminels régimes de l'Histoire de France. Jusqu'à se hisser vers les sommets de la honte d'État ; en choisissant de s'y maintenir très tardivement.

Et en conservant jusqu'à sa mort, en 1976, une foutue bonne conscience. Comme si l'industrielle cruauté allemande pouvait l'exonérer de sa part de crime. Comme s'il n'était pas révulsant de tout regretter sans rien renier. Comme si la dislocation nationale justifiait son ardeur à bâtir une France prétendument propre.

Tôt dans ma vie, j'ai donc flairé avec horreur que des êtres apparemment réglo – et qui le sont sans doute – peuvent être mêlés aux plus viles actions dès lors qu'ils se coulent dans un contexte qui donne un autre sens à leurs actes. Lorsqu'un individu doté d'une vraie colonne vertébrale morale s'aventure dans un cadre maléfique, il n'est plus nécessaire d'être le diable pour le devenir. Le décrochement éthique a déjà eu lieu, sa folle dynamique est enclenchée. Inexorable et fatalement ignoble.

D'expérience familiale, je sais donc que pour faire fonctionner un régime scélérat il est indispensable d'obtenir la confiance des gens très bien sous tous rapports. C'est là peut-être ce qu'il y a de plus diabolique : les collabos ne furent pas diaboliques ; à l'exception de quelques éliminationnistes hallucinés. Si intolérable cela puisse-t-il sembler aujourd'hui, le personnel de Vichy ruissela d'une guimauve de bons sentiments, très éloignée de la corruption morale que nous leur prêtons pour nous rassurer. Jean était, par exemple, aussi allergique qu'un Xavier Vallat[1] à un Français qui aurait manqué à sa parole ; et capable de tous les sacrifices quand il s'agissait de l'honneur. Le mal, pour faire sa besogne, eut besoin de valeurs élevées, d'honnêteté et d'abnégation. Si l'on désire brûler une synagogue, il suffit de rameuter une

---

1. Canaille hautement morale qui dirigea de mars 1941 à mars 1942 le CGQJ (Commissariat général aux questions juives), organe majeur de la politique antisémite de Vichy. Vallat inspira le deuxième statut des Juifs, particulièrement ignoble, organisa leur recensement méthodique et l'expropriation de leurs biens. Bien entendu, ce monsieur très vertueux et « anti-Boche » (mal vu des Allemands d'ailleurs) se piquait d'honneur dans ses activités.

poignée de canailles sans foi ni loi ; mais pour pratiquer un antisémitisme d'État, il est impératif de mobiliser des gens très bien, dotés de vertus morales solides. Les détraqués, les sadiques huileux et les pervers professionnels ne sont pas assez nombreux. Ni suffisamment efficaces. L'exceptionnel, dans le crime de masse, suppose le renfort de la normalité. Le pire exigea la mise en place de croyances patriotardes et sacrificielles sincères propres à dissoudre la culpabilité. La criminalité de masse reste par définition le fait d'hommes éminemment *moraux*. Pour tuer beaucoup et discriminer sans remords, il faut une éthique.

Cette réalité traumatisante, j'ai fini par l'accepter avec un vrai désespoir ; car on se met alors à trembler pour la bonté de tous les hommes charitables de l'univers. Si l'altruisme et le goût du dévouement sont à ce point nécessaires à la mise en route de l'horreur absolue, où trouver la garantie que les personnes bienveillantes le demeureront ? Naturellement, j'écris ces mots en songeant avec malaise à mon propre cas… Moi, si ému par la philanthropie active et si porté à servir des causes qui semblent justes, ne suis-je pas de ceux qui, fascinés par d'autres contextes, eussent franchi tous les Rubicon de la morale universelle ? Comme un certain Jean Jardin… très catholique et citoyen sans doute plus valeureux que moi.

Avec le temps, à force de méditer ses incroyables transgressions, j'ai aussi fini par admettre avec terreur qu'il y a chez tout homme, ou presque, un invincible besoin de rester un type bien à ses propres yeux ; et une aptitude effarante à maintenir cette certitude même dans les situations les plus insoutenables, d'où le bien paraît de toute évidence banni. Les brutes épanouies qui se rasent le matin en riant aux éclats de leur infamie sont assez rares. Hélas, les tueurs gouvernementaux ont généralement une allure policée et un discours correct. Et, parfois, des pudeurs touchantes de lecteur de Jean Giraudoux.

Peut-être est-ce pour cela que ma famille put, après guerre, entretenir l'illusion que le Nain Jaune était resté propre dans ce bain de boue. Une sorte d'archange qui aurait couché sans séquelles avec le diable ; malgré le stupéfiant déboulé de mesures racistes qu'il avait assumées. Naïvement, les Jardin (et moi pendant des années) se figuraient que pour participer au pire il fallait être un monstre aguerri, abruti d'idéologie ou purgé de toute moralité ; ce qui exonérait de fait le gentil et très chrétien Jean. Le genre d'homme qui ne dérogeait pas à ses principes d'honnêteté. Au point que personne chez les Jardin ne s'aperçut jamais que le matin de la rafle du Vél d'Hiv il était bien aux manettes du régime.

Après la guerre, chose inouïe, quasiment personne ne nota que le Nain Jaune vit nécessairement passer sur son bureau directorial le projet de loi, adopté le 11 décembre 1942, qui prescrivait l'apposition de la mention « Juif » sur les titres d'identité délivrés aux Israélites français et étrangers. Oui, l'infamie fut endossée par cet homme exquis. Ou la scène assez crapuleuse où Jean Jardin dut relire, avant d'obtenir la signature du Président, le décret du 6 juin 1942 qui interdisait aux Juifs de *tenir un emploi artistique dans des représentations théâtrales, dans des films cinématographiques ou dans des spectacles* (*sic*). Sans que le Nain Jaune, bardé de morale, envisageât de rendre son tablier. De toute façon, cet homme lucide avait consenti sans nausée à servir un régime qui appliquait gaillardement le deuxième statut des Juifs du 2 juin 1941, excluant les individus estampillés *de race juive* de toutes les fonctions publiques, administratives, électives, enseignantes bien entendu et judiciaires (sauf les décorés, préservés un temps), des postes militaires d'encadrement, de la diplomatie, des professions libérales les plus diverses, des métiers de la banque, du commerce, de la presse, de l'édition, de l'exploitation des forêts (un arbre juif, c'est dangereux, n'est-ce pas ?) et j'en passe. Personne ne parvint à assimiler l'idée que ce fut bien lui, mon Nain Jaune – pour des raisons bêtement techniques –, qui transmit la loi du 9 novembre 1942 relative à la circulation des Juifs étrangers, signée par Laval (donc soumise à sa signature par Jean), qui astreignait ces derniers à résidence dans les communes où ils vivaient et leur interdisait tout déplacement sans autorisation policière ; comme les Noirs des townships de l'apartheid. Sans qu'il

claquât la porte bien entendu. Arrêtons là ce flori-
lège de la honte hexagonale assumée lucidement
par le Nain Jaune qui ne rechigna guère. Scandale
absolu, insensé, à hurler, qui donne envie de se
purger de son ADN et dont personne ne me parla
jamais ni enfant ni adolescent, alors que les
conversations historiques faisaient si souvent le sel
de nos repas familiaux à Vevey, au bord du paisible lac Léman.

Mais il faut bien un jour que la comédie cesse.

Surtout en cette heure si particulière de mon
existence où j'atteins l'âge où mon jeune père – à
quarante-quatre ans – eut rendez-vous avec le sien
en publiant, en 1978, *Le Nain Jaune*. L'hymne
d'un fils amoureux de son père, la grand-messe
chantée d'une piété indéboulonnable. Une escro-
querie aussi sincère que géniale. Le collaborateur
intime du plus vil des collabos y apparaît, page
après page, sous les traits d'une incarnation de la
bonté et de la probité ; une sorte d'amateur
d'absolu. Un tyran ? Certes, mais domestique, ou
avec ses hôtes dans les restaurants. Et on y croit,
tant le talent du Zubial est étourdissant. Devenu
son jumeau en âge, j'éprouve le besoin vital de
détricoter l'illusion littéraire qu'il confectionna
pour se protéger – et nous soulager – d'une réalité
irrespirable ; un récit antitraumatique, une ahurissante fiction soignante. Vient un moment où l'on
ne peut plus éluder ce qu'on a trop pensé ; et c'est
alors que commence l'épreuve. Celle de refonder
sa famille ; en la contraignant au réel. Le temps me

paraît venu d'ouvrir nos yeux d'enfants en ayant assez de cœur pour résilier nos fidélités privées. Si nous ne sommes pas coupables des actes de nos pères et grands-pères – la Révolution française nous a légué cette avancée –, nous restons responsables de notre regard.

La cure d'aphasie n'a que trop duré.

Soudain, j'ai peur. Pour la première fois de ma vie, j'accepte de perdre pied en écrivant. En livrant mon âme à ce récit qui se présente à moi comme un saut dans le vide. Un déboîtement à haut risque. Un exercice de trahison de ma lignée, une volte-face qui m'interdit sans doute d'être un jour enterré auprès des miens. Quel homme surgira, malgré moi, en assumant ce livre de vérités qui n'ont cessé de me ronger l'âme ? À plusieurs reprises déjà, je m'y suis dérobé. Contester un proche aimé de tous, c'est douloureux ; cela revient à s'exposer à tous les ostracismes et à encourir, de la part des siens, un très pénible procès en déloyauté. Celui qui exhume des problèmes moraux suscite un terrible malaise, voire un frisson de panique. Dans nos familles, la peur de porter un jugement sur l'honorabilité de sa tribu est ancestrale ; elle réveille la crainte sourde – et abyssale, j'en sais quelque chose – de se détruire soi-même. D'attenter gravement à son être.

Et puis mon fils aîné Hugo, dix-neuf ans, ne m'a au début guère facilité la tâche. Soudain homme, un matin, le voilà qui se dresse face à moi : « De quel droit imposes-tu ta vérité à une famille qui, pour survivre, a eu besoin des béquilles du mensonge ? Tu es fort, papa, tout le monde ne l'est pas. La vie n'est pas un concours de lucidité. Fais ton chemin et fous la paix aux autres ! » Pour la première fois, l'un de mes fils se montre à moi sous les traits d'un aîné qui songe avant tout à la protection des plus sensibles. Je reste pantelant, ne sachant trop quoi répondre à ce jeune homme probe et généreux dont je suis si fier (comme de chacun de ses frères et sœur, si justes dans leurs conseils). Sans doute a-t-il raison ; tout comme moi. Peut-être que mûrir, justement, c'est accepter de vivre dans l'étau de nos contradictions. Et de trahir jusqu'à ses plus proches pour ne pas se trahir à son tour.

Plus tard, dans la maison du Zubial sur le point d'être vendue, mes deux autres fils Robinson et Virgile – si jeunes et si étonnamment lucides devant mes avis abrupts – me mettront en garde contre la dinguerie qu'il y a à juger un aïeul enlisé dans une autre normalité ; et dont toutes les analyses se trouvaient alors confirmées par une France tétanisée par le choc atroce de la défaite.

Je ne pouvais pas leur faire le coup du j'écris ce livre pour vous… alors que c'est bien pour moi que je m'y colle. Pour reprendre souffle. Pour me laver le cœur et m'engager, je l'espère, moins douloureusement dans la deuxième moitié de ma vie.

Comment leur dire que la culpabilité niée du Nain Jaune et celle esquivée par le Zubial pèsent encore sur mes épaules ? À chaque fois que je flaire le fantôme de mon grand-père, un froid mortel me gagne. Je tousse alors ou je ris, pour me réchauffer. Ce qui a été évacué par les ascendants ressurgit fermenté et asperge d'acidité. Mes garçons se doutent-ils que depuis bientôt trente ans, souillé par notre honte héréditaire, j'ai rassemblé une à une les pièces du puzzle de cette vérité à affronter ? En me cognant dans d'insondables questionnements. Comment leur dire l'inconfort de ce voyage nauséeux où je n'ai cessé de trébucher dans notre déni clanique ? Devenu une vérité publique. Mieux : une fierté plaisante car les Jardin eurent toujours le talent de changer en comédies les tragédies en persuadant l'époque de leurs visions réjouies. Comment faire sentir à mes fils – ainsi qu'à leur petite sœur, plus tard – ma sensation persistante d'évoluer dans un asile psychiatrique qui aurait eu le périmètre d'une société ; tant, au fil de mes découvertes, je suis demeuré sidéré que personne n'ait vu ce qui était pourtant flagrant. Glacé, j'avançais dans une France qui osait la lucidité plus lentement que moi ; comme si elle ne s'était toujours pas départie de sa capacité à regarder ailleurs ; trait national s'il en est qui, pendant quatre ans, fit de nous des collabos fiables. Depuis 1986 – année de mon baptême littéraire –, il ne s'est pas trouvé un journaliste à Paris pour me demander comment je supportais que l'homme dont je tiens mon patronyme ait été, le jour même de la rafle du Vél d'Hiv,

juché au sommet de la machine collaborationniste. En somme aussi influent qu'un René Bousquet, plus décisif qu'un Paul Touvier et infiniment
plus central qu'un Maurice Papon. M'aurait-on
insulté sur les ondes que j'en aurais été soulagé.
Les choses auraient alors retrouvé une forme de
cours normal.

Et j'aurais eu moins froid.

Comment mes enfants auraient-ils pu savoir que
je n'ai jamais, durant toutes ces années, cessé de
compulser, avec une discrétion maladive, des
ouvrages de psychologie sociale sur les exécuteurs
nazis ? Avec un certain goût du ressassement. Au
point que je crois bien être devenu un expert en
psychisme d'exterminateur. Je publiais *Fanfan* ou
*Le Zèbre*, mais je couchais déjà avec Himmler [1].
J'écrivais des romans d'amour et la Shoah restait
mon horizon. On m'imaginait flirtant avec des lectures roses quand j'engloutissais des bibliothèques
à croix gammée avec l'obsession de percer les
mécanismes de l'absence de culpabilité des élites
nazies ; afin de comprendre, par analogie, ce qui
avait bien pu protéger l'âme du Nain Jaune. Estomaqué par l'absence d'insomnies de mon aïeul,
je décryptais sans fin la quiétude morale des
membres des Einsatzgruppen (unités exterminatrices qui liquidèrent à l'Est, par balles, un bon
million de Juifs) qui se lit dans les minutes de leurs

---

1. Chef suprême de la SS (Reichsführer der SS) et de toutes
les polices allemandes, dont la Gestapo.

procès ; avec le fol espoir de saisir comment un exécutant – doté d'un cortex similaire à celui du Nain Jaune, même s'il flottait dans un autre sirop culturel – peut fréquenter l'horreur en toute bonne conscience. Et même en tirer motif de fierté.

Bien sûr, je suis conscient du trop-plein de romans et d'études qui ont fait de cette période un territoire piétiné par la production éditoriale ; voire le passage obligé d'un voyeurisme historique ivre de contrition. Je n'ignore pas non plus les raccourcis modernes qui tendent à faire de Vichy un synonyme de l'antisémitisme alors que la xénophobie de l'État français fut plus générale. Je n'écris pas ces lignes pour verser au dossier de nos petitesses françaises une repentance supplémentaire. Faire irruption dans les débats qui balisent tout examen de la collaboration n'est pas non plus mon ambition. Je n'en ai évidemment ni la compétence ni l'outrecuidance. Qu'on me pardonne donc si j'emploie parfois des termes que les historiens boudent (*collabos*, etc.) ou des vocables très repérés que des auteurs plus savants auraient pris soin de définir. On me reprochera sans doute aussi d'être de ceux qui, préservés par le tragique de l'Histoire, n'ont jamais eu à être personnellement courageux. J'écris simplement pour ne plus m'inscrire dans un lignage sans remords ; et cesser d'être complice.

Sous ses dehors virevoltants, mon *Roman des Jardin* irradiait déjà ce chagrin d'amour filial. En

faisant rire d'une tribu aussi entachée moralement
par l'un des siens, je m'étais à l'époque embobiné
à bon compte ; et procuré une honorabilité que j'ai
toujours sentie scandaleuse. J'en avais alors telle-
ment besoin. Mon roman comportait bien un passage aussi succinct que triste sur la culpabilité de
Jean Jardin ; mais ce livre trop gai me met
désormais mal à l'aise. Il a, une dernière fois,
contribué à embellir notre nom, à le lustrer de
bonne humeur et d'originalité haute en couleur.
Son succès très large sur la scène française – et le
boucan médiatique qu'il suscita – eut, je le sais,
pour effet de noyer le Nain Jaune au sein de notre
saga hilarante. Ce qui était bien, je le reconnais,
l'une de ses fonctions. Quand on referme mon
texte, Vichy semble gommé sinon atténué. L'horreur de la collaboration se trouve comme diluée
dans le foutraque d'un clan séduisant.

Qu'on me pardonne ce rideau de fumée.

À l'époque, mes nerfs n'étaient pas à l'épreuve
de la vie.

J'étais encore hébété d'être un Jardin, réfrigéré
par mon ADN. Tout comme le Zubial qui,
confronté très tôt à un réel répulsif, à peine plau-
sible, eut le réflexe de le réécrire jusqu'à son décès
biologique. Mort en réalité à Vichy en 1942, papa
a commencé à ne pas vivre dès l'âge de neuf ans.
En se donnant tragiquement des airs de grand
vivant. Il lui fallait lutter, coûte que coûte, contre
sa sensation d'exister au point mort. Puis il m'a
légué cette habitude de fantôme : corriger sans

cesse la réalité pour la réviser, l'enluminer, la réchauffer. Et la rendre, sur le papier, moins angoissante que le monde insoluble du Nain Jaune. À coups de livres paravents, il s'est arraché à la boue gelée de ses origines.

La cécité de son père l'avait tant habitué à se défier du réel.

À présent, je renonce à notre manie commune de mettre du romanesque et de la flamboyance là où il n'y a eu chez nous que de l'inacceptable. Et la plus silencieuse des violences : l'administrative. Qu'on le veuille ou non, la comédie des Jardin (celle de nos morts) eut un antisémitisme d'État pour soutènement.

À quarante-quatre ans, essoufflé de menteries, je prends donc la plume pour fendre mon costume d'arlequin. Et trahir ouvertement mon lignage en racontant comment je suis allé, de secousses en séismes, vers ma vérité dépoétisée. Par étapes, souvent longues à incuber ; car il ne me fut pas possible de foncer trop directement vers la clairvoyance. Admettre l'inconcevable reste un sport éprouvant. Contester des croyances familiales calcifiées – et ratifiées par une société qui eut étrangement besoin d'y souscrire – relève de la remontée de l'Orénoque à la pagaie. L'âme s'y noie, la culpabilité s'y avive. Au point qu'au bord de l'écriture de ce livre terrible, j'ai encore été tenté d'en rédiger un autre. Pour me dérober une dernière fois. Par trouille aussi de devenir une éternelle dissonance dans ma famille ; celui par qui la honte

dissimulée a ressurgi, le rabat-joie tribal. Mon éditeur Jean-Paul Enthoven, dit Dizzy, m'en a
empêché *in extremis*. En me giflant rudement, à
ma grande surprise ; comme s'il souhaitait me
réveiller de ce cauchemar, me ranimer. Dois-je l'en
remercier ou le maudire ? Je ne sais.

Après les étourdissements à paillettes du *Roman
des Jardin*, voici le journal de bord de ma lucidité.
Les fiançailles du chagrin et de la pitié.

## Un secret longtemps français

La littérature peut tout.

En publiant en 1978 son *Nain Jaune*, le Zubial réussit l'impossible : transformer le grand techno-crate du pire à Vichy en Nain Jaune ! En quasi-synonyme du mot enchanteur, en doublure poli-tique de Mickey, en une carte à jouer censée porter chance. Bref, en antidote magique à l'adversité du destin. Brusquement, notre collabo familial, bon teint mais tout de même capital, devenait dans ce livre drolatique et déchiré un personnage atta-chant, tout en séduction (ce qu'il était), capable de duper le sort ; et pressé de sauver les Juifs de 1942 par brassées. Quel ahurissant tour de passe-passe ! Sous la plume virevoltante et jamais prise en défaut d'humour de Jardin fils (mon père), l'homme de la scène du 16 juillet 1942 se chan-geait en un charmeur bondissant par les fenêtres qui enchaînait les paroles émouvantes et les scènes désopilantes en pissant dans les lavabos.

D'un passé effroyable, le magicien Pascal Jardin tira une fête des mots ; en mettant de la couleur là où, dans notre passé familial, il y avait eu plus de noir que de blanc.

Sidérante manœuvre littéraire qui donna lieu… à un triomphe en librairie.

La légende était partie.

Et toute la France la goba. Quoi de plus normal : les hommes préfèrent les histoires enchanteresses aux remugles des fosses septiques de l'Histoire. En cent quatre-vingt-dix-huit pages truculentes et burlesques arrachées au passé, le Zubial permettait aux Français d'aimer leurs parents, quoi qu'ils aient accompli pendant la guerre. Il leur donnait ce feu vert-là, inopiné, avec le sourire ; en faisant de Vichy – vu par ses yeux d'enfant – un lieu pittoresque d'où le mal était soudain absent. Un no man's land de la morale. Des centaines de milliers de familles, infectées de souvenirs pétainistes, furent heureuses de célébrer cette littérature absolvante. Tout le monde collabora à cette étourdissante fable jardinesque qui ensorcela la France de 1978. Tous, nous avions été, à l'instar des Jardin, des gens très bien. La presse unanime – à une seule exception près, un trouble-fête réputé vachard qui officiait au *Monde* – bénit les fulgurances du lutin de Vichy, félicita l'auteur inespéré et s'ébaudit devant tant de tendresse filiale. Le style effaçait le sujet. Les bonheurs d'écriture embrumaient la criminalité d'État. La littérature ne peut-elle pas tout s'autoriser (ce que je crois) ? L'Académie française – jamais en retard pour jeter un voile de belle prose sur le pétainisme qui lui tenait alors lieu de seconde nature –, fascinée par l'émotion que charriait ce texte au tremblé vrai, jugea opportun de décerner à papa son Grand Prix du roman ; non sans avoir zigzagué à la dernière minute, en partageant finalement les lauriers avec un écrivain de peu qui fit office de paravent. Une interview négationniste de Darquier de Pellepoix (qui succède à Xavier Vallat au Commissariat général aux question juives), publiée par le magazine *L'Express*, venait de tournebouler les esprits. Et de réchauffer les colères mal éteintes. Les immortels, des gens bien à n'en pas douter – soudain saisis de pudeur –, craignirent, *in extremis*, de sacrer frontalement un livre qui, même éblouissant, pouvait passer pour une réhabilitation en fanfare de la collaboration.

Moi aussi, j'ai tout gobé.

Cet exceptionnel numéro de magie contribua – très provisoirement – à m'exonérer de toute culpabilité filiale. L'époque baignait encore dans le voisinage du degré zéro de la lucidité. Bernard Pivot, conquis, reçut papa avec enjouement à « Apostrophes » où il fit grande impression sur ceux qui l'environnaient. Personne sur le plateau de télévision n'eut la grossièreté de lui demander *mais au fait, un directeur de cabinet de Pierre Laval, ça faisait quoi exactement de ses journées en 1942 ? Notamment les 16 et 17 juillet ?* Cette question – facile aujourd'hui – restait imprononçable, ou plutôt inimaginable ; comme si elle revenait à contester l'honorabilité de tant de nos familles. Et puis, on n'allait pas prier le Zubial d'expier en direct sa passion pour un père aussi exceptionnel ou le sommer d'acquitter un impôt posthume d'infamie. Le logiciel mental indispensable pour se représenter l'action passée réelle du Nain Jaune n'était pas encore installé dans les esprits de 1978 ; or l'époque ne perçoit que ce que le contexte culturel rend sensible. L'unicité de la Shoah, l'idée du statut particulier des victimes juives du nazisme et de la collaboration n'avaient pas été fixées dans les cerveaux ; d'autant que les institutions juives de ce temps-là, au rôle si ambivalent, hésitaient encore à réveiller les démons nationaux. *Shoah*, le film de Claude Lanzmann, n'avait toujours pas dessillé les yeux de notre nation engourdie par l'illusion de la réconciliation (sa bombe filmique n'explosera que sept ans plus tard, en 1985). L'ardent travail mené par le couple Klarsfeld commençait tout juste à ébranler les cerveaux et à purger l'aveuglement national.

Porté par l'accueil enthousiaste réservé à son *Nain Jaune*, le Zubial crut sans doute, lui aussi, que l'opprobre était levé à jamais ; après avoir eu à courber la tête de s'appeler Jardin. Quelle jouissance d'être enfin perçu comme le membre d'une famille bien ! Quel intense moment de réchauffement ! Il avait raboté le réel avec maestria. Cette diversion très inconsciente – j'insiste là-dessus – le remboursait d'années d'humiliations. Dans l'immédiat après-guerre à fleur de revanches, il ne dut pas être facile tous les jours, pour ce vichyste en culottes courtes (innocent donc), d'être l'un des rejetons du bras droit de Pierre Laval.

On s'en doute, la scène du 16 juillet 1942 à l'hôtel du Parc ne figure pas au sommaire du *Nain Jaune* ; ni celle, plus terrible encore, où Jean dut débattre avec Laval, seul à seul dans le secret de leur cabinet, de la décision de mobiliser la police française pour vider la France de ses Juifs ; même en zone non occupée par la Wehrmacht ! Et où, entre gens bien, ils la prirent, cette décision – d'une magnitude inconcevable – qui ne pouvait pas être entièrement arrêtée par un exécutant de moindre calibre comme René Bousquet ; même si son rôle reste crucial. Ni toutes ces scènes nauséabondes où le Nain Jaune relut, annota et rectifia scrupuleusement – c'était son boulot de *dircab* – les projets de lois et de décrets qui, rédigés par d'autres, amplifièrent l'aryanisation des entreprises réputées juives. Entendez la spoliation légale des Français juifs que Vichy mena avec une rage particulièrement opiniâtre ; tout en voulant contrôler cette aryanisation, en se défiant toujours de la stratégie de l'occupant. Recalant sans cesse les demandes d'exemptions (sauf pour quelques amis…). Et allant jusqu'à nommer cinquante mille administrateurs de biens dits juifs. Une paille…

Le Zubial – inapte à une clairvoyance autre qu'intermittente – préférait emmener ses lecteurs sur les territoires touchants de la passion filiale. En détaillant avec cocasserie l'épisode où le Nain

Jaune cacha dans les combles du domicile familial, à deux pas de Vichy, son ami l'historien Robert Aron. Un intellectuel juif longiligne qui eut la chance, quasi miraculeuse, d'être de son milieu social ; en un temps où la solidarité des élites françaises n'était pas un vain mot. Et où le fretin des enfants d'Israël était bon pour les rigueurs de la législation de son gouvernement raciste. On sauve le penseur breveté en sacrifiant le fourreur aux mains calleuses ; histoire de prendre des garanties pour l'avenir, à tout hasard, et de se coucher le soir en conservant ce minimum d'estime de soi sans lequel l'exercice de la vie devient amer. Fallait-il que papa souffrît de toute son âme pour en arriver là… et chasser l'évidence de son cœur : son tendre Nain Jaune avait bien été l'indispensable complément des antisémites éliminationnistes. L'outil affûté de leurs pulsions. En un moment de notre Histoire où le subtil distinguo entre postes politiques et fonctions purement administratives (supposées irresponsables) relevait de la tartufferie ; de la ruse psychique qui permettait à bon compte aux acteurs de cette politique noire de débrancher les capteurs de leur culpabilité. Aller plus loin dans la lucidité aurait probablement détruit mon père. Sans doute lui fallait-il mentir comme il respirait pour continuer à respirer. S'oxygéner de fariboles, c'est parfois l'ultime recours.

D'autant plus que le Nain Jaune ne fut pas le directeur de cabinet d'un Président aux attributions rognées. Depuis son retour aux affaires, fin avril 1942, Laval cumulait la présidence du Conseil, le portefeuille de l'Intérieur, celui des Affaires étrangères et, d'une main cynique, celui de l'Information. Son directeur de cabinet se trouvait donc perché en haut d'un édifice gouvernemental exceptionnellement vaste.

Mais l'absolution complète – et disons-le la stupéfiante cécité collective – ne fut portée à son point culminant que deux années plus tard, lorsque le Zubial publia la suite du *Nain Jaune*, *La Bête à Bon Dieu*. Peu avant l'été 1980, quelques mois avant son décès clinique. Devinez quel homme bien, transporté d'admiration, consentit à écrire la postface de ce livre magnétique ?

François Mitterrand, *of course*.

Dont on ignorait alors les accointances troubles avec Vichy ; et la fidélité durable à René Bousquet. Deux taches noires dont le rassembleur de la gauche du programme commun n'était pas encore étiqueté.

Quelle apothéose ! Pensez, le timonier de l'humanisme laïc et républicain venait bénir les mânes de mon aïeul. Et l'exhausser au rang d'éminence grise intouchable. À l'âge de quinze ans, comment aurais-je pu soupçonner un tel pot aux roses, dont le premier secrétaire du Parti socialiste français se portait publiquement garant ? Au point d'associer son crédit moral – à son zénith en 1980 – à la publication de *La Bête à Bon Dieu* qui célébrait à chaque paragraphe les mérites indéniables du Nain Jaune, ses vertus nombreuses et son influence politique occulte ? Soudain très fier de mon patronyme, je me figurais que mon grand-père, incarnation de l'audace et de la probité trico-lore, s'était toujours tenu dans ses fonctions aux avant-postes de la vertu civique.

Dans un contexte pareil, et face à de telles cau-tions, comment ai-je fait pour changer de focale ? et fendiller nos croyances ? Dieu qu'il m'en a fallu du courage pour désespérer. Au début, si peu d'éléments s'offraient à moi. Relier des pointillés suspects, passer outre à des dogmes claniques bunkerisés, faire l'effort de me représenter ce que notre culture ne permettait pas encore de saisir, tout cela fut si oppressant que j'ai appris à paraître gai. À siffloter pour échapper au chagrin. Jusqu'à en écrire des romans gonflés d'optimisme…

Quelle incroyable difficulté d'entrevoir une vérité que l'on ne sait pas percevoir ! Surtout des actes dégradants, aux antipodes de l'idée radieuse que ma famille se faisait de cet homme bon, telle-ment miséricordieux et si responsable. On doute à chaque pas, de soi-même avant tout.

Contre toute attente, c'est ce séduisant *Nain Jaune* signé par mon père qui fit de moi un héritier coupable ; en me permettant indûment de tirer gloire de mon lignage. Soudain, il y eut chez nous enrichissement sans cause, addiction à une mytho-logie fallacieuse. Si le Zubial s'était abstenu, peut-être aurais-je cru que le monde commençait avec ma génération. Cette défonce littéraire, je la paye au prix fort.

# La petite Juive

J'ai dix ans, peut-être plus. L'été suisse me réchauffe. Je lézarde en vacances à Vevey chez mon grand-père que j'adore. Et qui, pour me faire rire à table, caresse sa serviette en lui donnant la mobilité alerte d'un petit lapin. Ma mère, elle, ne le sent pas. Sa violence contractée l'inquiète, me dira-t-elle plus tard. Elle a soin de vivre ; lui d'assurer sa survie. Ce que j'ignore alors. Le vieux fauve policé et séduisant m'impressionne bien un peu mais je suis fier d'être le petit-fils de cet homme sûr de lui et dominateur ; même s'il est de petite taille. Sa culture est si vaste qu'il me fait l'effet d'un juke-box de citations.

Je me suis réfugié au dernier étage de la propriété des Jardin, la Mandragore. Une bâtisse ancienne et stylée qui s'élève au bord des brumes du lac Léman, dans les fines couleurs ardoisées d'un paysage aquatique ; celui de la Riviera vaudoise. L'endroit est ceinturé du rempart de nos rêves. Je suis blotti dans le lit moelleux de Zouzou, la secrétaire et maîtresse de mon grand-père. Son grand lit se trouve curieusement aménagé dans une alcôve qui forme le cul du bureau du Nain Jaune, au deuxième étage. Ce renfoncement obscur est comme protégé par des rideaux. Je m'y suis lové pour savourer des albums de Tintin, chapardés à l'un de mes oncles ; sans avoir demandé son autorisation.

Mon grand-père pénètre dans le bureau arrondi qui forme une rotonde et dont les larges fenêtres ouvrent sur un parc très dessiné descendant vers le lac. Zouzou est à ses côtés. Une liane aux cheveux tressés. Un morceau de candeur qui le repose sans doute de l'enchevêtrement de ses arrangements intérieurs. Elle et lui ouvrent une fenêtre et s'y appuient pour fumer, avec des nonchalances d'après-midi chaud. Derrière les rideaux, je les aperçois tous deux comme à travers une gaze. Je devine que le vieil homme pose un regard compliqué sur la nuque ingénue de la jeune femme. Ne sachant trop si j'ai le droit d'être là, dans le lit de Zouzou, je me tais.

Soudain, par la fenêtre, le Nain Jaune aperçoit dans le parc une jeune personne pétillante qui bourdonne autour de mes deux oncles ; surtout du plus âgé, Simon, qui s'en est amouraché, avec toute la pureté et l'exclusivité dont il est capable. Cette fille virevoltante, sans hanches et au corps de miel, a eu le bonheur de captiver les Jardin dans leur ensemble ; Nain Jaune compris. Mon grand-père s'est même mis en frais de la considérer et de lui offrir des marques non d'affection mais, peut-être, d'estime. Le Nain Jaune expire un nuage de fumée lente et lance à Zouzou, instinctivement, comme s'il avait trouvé spontanément le mot qui, par sa charge magique, pouvait placer cette fille le plus loin possible de notre famille et de notre goyitude helvétique :

— Tiens, voilà Simon avec *sa petite Juive*…

Suivent quelques qualificatifs déplaisants, formulés sans haine – chez les gens bien, on ne s'abaisse pas à médire frontalement – mais sur un ton assez désobligeant, mêlés d'admiration agacée, pour cerner la séductrice, voire lui arracher ses masques ; mots qui, tous, laissent entendre qu'elle serait bien juive puisqu'elle est intrigante, ambitieuse, un peu trop intelligente et intéressée, oui c'est cela, intéressée… et si ingénieuse.

Je suis encore un mouflet. Je ne perçois pas nettement les connotations qui suintent dans ces paroles pas dégoûtées mais presque, ou plutôt agacées, comme si le Nain Jaune était contrarié – oh, un rien ! – que son fils aîné se soit fait embobiner par *une petite Juive*. Et puis, je suis encore si loin de connaître l'arrière-cour politique de mon grand-père, à des années-lumière d'imaginer qu'un jour je m'interrogerai sur ce qu'il faisait de ses talents le matin de la rafle du Vél d'Hiv. Cependant, je ressens un malaise.

Pour la première fois de ma vie, j'ai froid devant cet homme-là.

Ce qui vient d'être dit en fumant, et que ne relève pas Zouzou silencieuse, ne colle pas avec la conduite du Nain Jaune lorsqu'il est face à la jeune femme. Ce qui me fait frissonner, sur le moment, ce n'est pas l'antisémitisme comprimé, disons de bon aloi, que je suis encore bien incapable d'identifier ; non, c'est la duplicité ouatée de mon grand-père, le fait qu'il sourie à la petite Juive lorsqu'ils devisent au petit déjeuner et l'animosité contenue avec laquelle il murmure, replié dans son bureau avec Zouzou, des insinuations qui ne se disent pas en public. Oh, rien de bien méchant… de l'antisé-mitisme « convenable », celui qui paraît accep-table et légitime entre soi, ce racisme bourgeois qui considère implicitement le Juif comme l'intrus des sociétés, des nations et des bonnes familles.

Et moi, à cet âge-là, ça me choque ; parce que j'apprécie la petite Juive, son insolence, sa drôlerie rocambolesque, son amour des chiens. Et sa singu-larité joyeuse.

Plus jamais je ne réentendrai de paroles – ou plutôt d'allusions – antisémites dans sa bouche. Mais, devenu adulte, j'aurai par Zouzou confirma-tion qu'il appelait bien cette fille aux cheveux longs, lorsqu'ils en parlaient ensemble, *la petite Juive*. Ce qui, compte tenu de son détour par Vichy, laisse songeur. J'en ai alors toussé nerveuse-ment pendant deux bonnes minutes. Ceux qui ont sacrifié d'autres hommes devraient surveiller leur vocabulaire.

Mais cette année-là, je ne peux encore rien per-cevoir.

Je suis toujours dans l'insouciance d'une époque où le Nain Jaune – mon intouchable et si protecteur grand-père – n'a pas de passé ; seulement un présent que j'aime partager au bord des molles eaux du lac Léman parmi les gens très bien de ma famille. Cet été des années soixante-dix, gavé d'un bonheur né de choses minimes, ne résonne d'aucune tragédie. L'impensable me reste étranger. Le mal reste dans mon esprit un accessoire de cinéma, bon pour les westerns spaghettis qui me captivent.

## Professeurs de cécité

Souvent je me suis demandé comment le Zubial, en écrivant *Le Nain Jaune*, avait pu à ce point abolir tout discernement. Il faut dire que mon père n'appartenait qu'à ses songes, et qu'il ne sut jamais se mélanger au réel. Fils d'une mère en lévitation morale, et d'un anticonformisme ahurissant, le Zubial avait été à bonne école.

Elle fut son premier professeur de cécité ; celle qui lui apprit à toujours convoquer le romanesque pour éloigner la médiocrité, à faire provision d'illusions. En récusant ce qu'elle et lui appelaient *la froide réalité* ; dans laquelle il ne fait pas bon se baigner.

Un soir que je l'interrogeais sur son pire souvenir de la Seconde Guerre mondiale, elle me répondit d'une voix pâle :

— Un jour, à Charmeil (leur petit château près de Vichy), ton père avait commis avec Simon quelque chose d'odieux, d'indicible, d'impardonnable : ils avaient trouvé une scie et coupé les branches des arbres fruitiers ! Le verger était en deuil.

Horrifié, je me suis mis à tousser.

Ma grand-mère avait vécu aux premières loges du pouvoir collaborateur, trinqué avec les suppôts de la Solution finale, côtoyé des haines bottées, frôlé des destinées étoilées de jaune, humé mille sorts en miettes, traversé un étripage mondialisé et elle ne trouvait rien de plus impardonnable qu'une taille excessive de pruniers et de pommiers dans son verger. Barbie torturait à Lyon ; elle se torturait à Charmeil que son mari fût si peu disponible pour lui réciter des vers de Rainer Maria Rilke. A-t-on idée d'être aussi préoccupé par l'occupant ? Les crématoires rougeoyaient en Pologne ; elle s'inquiétait au bord de l'Allier de la cuisson de ses rôtis aux pruneaux.

Longtemps, j'ai raconté ce souvenir réellement odieux de ma grand-mère – pas au sens où elle l'entendait – sur le ton de la comédie. Autant en rire et en faire rire, me disais-je.

Il me donnait envie de pleurer. Et de lui botter le train jusqu'à lui dévisser le coccyx. Malgré l'amour total que j'éprouvais pour elle et qu'elle me rendait avec excès.

Comme s'il résumait l'aptitude exceptionnelle des Jardin à ne pas voir l'évidence, à toujours placer un prisme déformant entre le regard et la chose regardée. Et lorsqu'un soir je poussai plus loin le questionnement sur ses impressions en face de Pierre Laval, elle me répondit à voix basse (de crainte d'être entendue par ses fils) avec une moue dégoûtée :

— Un plouc… qui ne lisait rien. Totalement insensible à Rilke. Un homme d'un ennui, mais d'un ennui dont tu n'as pas idée ! Rien à voir avec Giraudoux, ah ça non ! Quelque chose de mal dégrossi, de sous-préfectoral…

— Et les Allemands que tu recevais à Charmeil ? Le Dr Rahn [1], Ernst Achenbach [2], Krug von Nidda, le représentant d'Hitler auprès de Pétain…

— Beaucoup plus cultivés !

Comme si la question était là.

Comme si son mari ne participait pas en coulisse à l'un des pires régimes de l'Histoire de France.

Sa réponse m'a refroidi d'un coup.

Jamais il ne lui était venu à l'esprit que le mépris du réel pouvait être une offense de plus aux victimes. Aux enfants livrés. Une forme d'indécence ultime, sans appel. Celle d'une égarée dans le siècle qui, non contente de regarder à côté des souffrances d'autrui ou de les recouvrir d'un voile de fantasmagorie, recruta pour mon père, en 1947, un autre professeur de cécité, encore plus compétent qu'elle : le philosophe Raymond Abellio. Un ex-membre de l'aile gauche de la SFIO (très incisive), ex-cagoulard (variété de facho conspirateur très friand de terrorisme), ex-idéologue en titre du

---

1. Ministre d'Allemagne.
2. Diplomate, conseiller politique d'Otto Abetz, impliqué dans la politique antisémite de l'ambassade d'Allemagne.

Mouvement social-révolutionnaire (ultra-collabo-rationniste) financé par le Nain Jaune sur la caisse noire de Vichy ; bref ex-pratiquant d'à peu près tous les extrémismes de l'époque, ceux qui en crabe ou de manière directe menèrent à l'assassinat. Le type même du précepteur apaisant dont on rêve pour son enfant. Pour voir en lui un tuteur, une étoile du Berger, il fallait avoir perdu la boule. Philosophe gnostique, en quête fébrile de la structure absolue des choses, instinctivement méfiant devant les placides manifestations du bon sens, ce dingue remarquable présentait aux yeux des Jardin l'avantage de se désintéresser du monde banal. Et de bâiller devant les évidences. Ma grand-mère le vénérait ; ce qui est en soi le signe que ce monsieur débloquait à l'année pleine. Que sa vie fût saccagée d'échecs ne la troublait pas.

Naturellement, on lui confia le préceptorat de papa.

Début 1981, j'ai connu cet Abellio ardent à personnifier l'obscurité et la passion du complexe. L'amour de l'emberlificotage était bien sa vitalité, sa ressource majeure. Orphelin désorienté de quinze ans, je cherchais un guide afin de m'aider à rédiger une nouvelle Constitution pour l'Europe (l'un de mes premiers écrits). Personne, évidemment, ne m'avait orienté vers une ambition plus à ma portée. Ayant entendu dire à Vevey qu'il avait illuminé mon père après la guerre (au sens le plus casse-gueule du terme), je m'étais rendu chez lui pour lui poser quelques questions. Retranché derrière d'épais hublots, censés réduire sa myopie (tâche impossible), Abellio m'avait aussitôt lancé un regard sévère et déclaré qu'il ne pouvait en rien m'aider :

— Je vais mourir sous peu, peut-être dans les cinq minutes, et je dois terminer mon œuvre ! Vite, la mort me talonne.

Sans même me raccompagner à la porte, il s'était alors enseveli dans le trou noir de sa pensée perfectionnée et avait commencé, sous mon nez, à noircir frénétiquement des pages. Jusqu'à en asphyxier son système perceptif. Pour la première fois de ma vie, je fis alors l'expérience étonnante de la transparence totale. Littéralement, Abellio cessa de me percevoir. Je suis alors sorti avec ma trottinette, décontenancé que le maître de mon père ait eu à ce point le talent de ne pas voir un être humain lui faisant face.

Comme si l'aptitude à la cécité avait été la marque même des intimes de notre univers. Le code qui permettait d'entrer dans notre clan féru d'aveuglement. La disposition cardinale qui rendait un tiers fréquentable à nos yeux. La qualité française requise pour frayer avec les Jardin sans les réveiller du somnambulisme qui les protégeait de l'horreur d'un réel révoqué.

Un jour que je prenais un café avec Frédéric Mitterrand, déjà ministre de la Culture, pour défendre mon association qui promeut la lecture dans les écoles [1], je n'ai pas résisté à la tentation de bifurquer vers notre mémoire commune. Je lui ai alors demandé comment son papa, Robert Mitterrand, avait pu pendant des années venir prendre livraison de l'argent du patronat – en liquide – dans la suite du Nain Jaune, à l'hôtel Lapérouse. Ces valises de billets de banque fripés, m'avait expliqué Zouzou toujours aimable avec les enfants, finançaient alors les campagnes électorales de son frère François. Ce qui revenait tout de même à approvisionner la gauche française en numéraire chez l'ancien directeur de cabinet de Pierre Laval ! Je voulais également savoir si son père avait éprouvé ou non de la gêne à séjourner régulièrement chez nous avec sa deuxième femme Arlette, à Vevey, dans ce temple du vichysme non repenti.

— Que pensait-il ? ai-je conclu.

— Je crois, me répondit Frédéric Mitterrand avec beaucoup d'émotion contenue, qu'il ne pensait pas. Ces gens-là ne pensaient pas ! Ils ne s'embarrassaient pas du réel.

Dans son œil, j'ai vu à cet instant la douleur muette d'un homme qui, lui aussi, avait dû être esquinté par une famille de gens très bien où l'on pratiquait une cécité intensive. Une manière particulière de discerner ce qui était visible et ce qui ne le serait jamais. En triant sans vergogne parmi les

---

1. *Lire et faire lire.*

indécences qui méritaient d'être distinguées ou annulées.

Les Mitterrand et les Jardin partageaient alors cette aptitude infernale ; ce génie noir du détachement qui autorise tout. Frédéric en est sans doute devenu un gay magnifique, moi un Juif taciturne. À chacun sa porte de sortie.

## Auschwitz chez les Jardin

Le Nain Jaune avait persécuté – administrative-
ment s'entend – les Juifs ; mon premier grand
amour d'adolescence fut donc une Juive. Nathalie,
une jolie fringante, viveuse et pétillante, était la
fille d'une déportée à Auschwitz. Comme s'il
m'avait fallu, à tout prix, crier chez nous ce qui
était récusé.

Presque tous les Jardin connurent cette tentation de la *liaison juive* ; de l'amour *verboten*
en 1942.

Nathalie W. eut sans doute, elle aussi, d'autres
comptes à régler avec sa propre famille aux
archives si lourdes ; je le suppose. Sa mère,
Mme W., craignait-elle de me meurtrir en ris-
quant une allusion à mon ascendance si spéciale ?
Je ne sais. Généreuse, elle se montra toujours avec
moi, dans leur appartement de la rue Daru, d'une
émouvante discrétion et consentit même à ce que
sa fille vînt en vacances chez les Jardin, à Vevey ;
autant dire à Vichy-sur-Léman.

Scène incroyable d'électricité.

Juillet 1981. Une Juive tatouée et arrêtée par la police de Vichy conduit sa fille chérie chez son amoureux, au domicile même du haut fonctionnaire qui pilota le cabinet de Pierre Laval le matin de la rafle du Vél d'Hiv en 1942. Pour l'y laisser s'ébattre, faire du ski nautique et être contente.

Cet été-là, celui de mes seize ans, je n'avais pas encore pris totalement conscience du passé rétracté du Nain Jaune ; et de son implication génocidaire assez directe. Mais tout en moi subodorait l'insoutenable. Je ne savais pas au juste quelles émotions je maniais en invitant la mère de Nathalie à venir la déposer chez nous, en Suisse ; mais, mû par une force trouble qui cognait en moi, j'entendais à tout prix commettre ce qui m'apparaissait bien comme une provocation.

Les miens allaient-ils voir enfin ?

Même si la photo de Pierre Laval qui trônait pieusement sur le bureau du Nain Jaune avait été retirée en 1976 (par qui ?).

La voiture de M. et Mme W. entre chez les collabos en vacances : ma famille. L'air de rien, en affectant une désinvolture très déplacée, je les ai tous prévenus du passé concentrationnaire de la mère de Nathalie ; ce qui ne suscita aucun commentaire de la part des miens. Une Juive ? demanda simplement un ami de la famille. Une Israélite, corrigea aussitôt un Jardin de passage qui semblait ignorer que le mot Juif n'est pas une injure à atténuer et qu'il n'est donc pas indispensable de le remplacer par un autre.

La voiture avance dans le parc. Mon amoureuse épanouie surgit enfin d'une portière et m'embrasse. Elle est d'une gaieté tendue.

Sa mère, un peu sonnée, sort du véhicule.

Sa mauvaise santé de fer la soutient ; comme toujours.

Son regard embué se heurte au mien. Nous nous sommes compris. Elle me sourit ; je lui renvoie d'un regard toute ma tendresse. Soudain j'ai froid et honte de l'avoir attirée chez le Nain Jaune, d'être qui je suis malgré moi ; sans possibilité de révoquer mes gènes. Le père de Nathalie a l'air sur ses gardes. Va-t-il déguerpir ? J'embrasse Mme W. et vois illico qu'elle a pris soin de mettre une robe légère à manches courtes ; un vêtement qui laisse voir son tatouage violacé hérité d'Auschwitz. La température clémente n'est sans doute qu'un prétexte.

Son drapeau est hissé ; le nôtre est invisible.

À quoi ai-je joué exactement ce jour-là ? À qui verra justement l'invisible, à qui entendra, à qui devinera, à qui hurlera, à qui dévoilera, à qui déchirera l'énorme secret et la trame de nos jours feutrés. À qui flanchera surtout. Et à qui délivrera ma génération du morne silence de nos pères.

Mais le pire se produisit : rien, aucune ride sur le lac de nos habitudes. Ma grand-mère, en femme bien, accueillit les W. avec une civilité parfaite et des mots enjôleurs en leur servant un thé exquis. Sans voir le numéro tatoué sur l'intérieur du bras de Mme W. Sans que les noms d'Auschwitz-Birkenau ou ceux de Beaune-la-Rolande ou encore de Drancy fussent jamais prononcés ou même frôlés. Comme si nous étions une famille normale, exonérée de tout passé, pour qui Vichy n'était qu'une ville d'eaux, un havre pour curistes. Comme si nous n'étions pas dans la maison de l'homme à la Balto de la scène du 16 juillet 1942.

La femme du Nain Jaune nous donna-t-elle une leçon de réserve ou de rude indifférence ?

Les parents W. repartirent comme si de rien n'était.

J'en ai été blême, glacé, nauséeux d'être rempli de mon sang.

Je n'arrivais pas à m'opposer à mon cafard ; aussi me suis-je montré gai, alerte et plus rieur encore qu'à l'ordinaire. En faisant visiter notre parc à Nathalie, je sortis même sur la terrasse blanche les enceintes de notre chaîne stéréo afin de mettre à plein volume de la musique classique – du Strauss, il me semble – pour faire valser mon écœurement et plaquer des notes allègres sur ce décor trop Jardin. Trop pimpant. Trop fleuri.

Mme W. aurait bousculé ma grand-mère, mis en pièce notre sérénité vaudoise et insulté notre goyitude paisible, j'en aurais été soulagé. Aurait-elle crié à toute force d'être là, chez nous, que j'aurais hurlé à ses côtés.

Barricadée dans sa cécité, flottant au-dessus du monde, ma grand-mère n'eut pas, cet après-midi-là, le courage de voir. L'humanité de reconnaître enfin l'offense ; pas comme un automate du remords ou une athlète du repentir, non, avec des mots simples, dosés. Fuyante comme à l'accoutumée, elle n'eut pas le cœur d'accueillir la gêne de cette grande dame tatouée qui accompagnait sa fille en prenant sur elle ; et en lâchant de temps à autre un rire de gorge un peu rauque qui signalait son malaise. Ni assez d'âme pour présenter des excuses au nom de son mari, pour trouver les mots justes. Vichystes nous avions été au bord de l'Allier, vichystes nous restions sur les rives du lac de Genève. Campés sur de nauséabondes fidélités.

Aussitôt, par réflexe d'asphyxié, je me suis demandé comment je pourrais raconter cette scène en l'aérant, en y mettant une drôlerie apaisante, en la saupoudrant de merveilleux. En la romançant au plus vite.

Un jour, je me ferai greffer la mémoire d'un autre.

## Zac m'a dit

J'ai failli entrer en pessimisme à l'automne 1981.

Grâce à l'intermédiaire d'un garçon à qui je signe ici un gros chèque de gratitude. Même s'il commença par me désespérer.

Zac ne s'insinuait pas dans l'existence des autres. Ce soliste de la joie percutait d'emblée votre quiétude, avec une passion pour les vérités abruptes. À seize ans, il avait déjà essayé plusieurs vies en prenant le temps d'aller vite. Et s'était goinfré de toutes sortes de femmes qui lui avaient fait découvrir l'art d'aimer à la limite de soi : des mémères tentées par l'amant de leur fille, des honnêtes pressées, des folles, des qui fatiguaient leur jeunesse. Polyglotte, hautement non conventionnel et animé d'une curiosité multidirectionnelle, cet adulte en miniature possédait sur tous les sujets cent connaissances d'avance sur moi. Zac raisonnait déjà à rebrousse-poil, en se gardant comme du feu de conjuguer les croyances de l'époque. Cosmopolite et gaiement à moitié juif par son père, Zac Frank[1] appartenait à un clan de marchands de tableaux originaires de Vienne. Sa maman était allemande et trop protestante ; d'origine badoise mais très acclimatée à Paris. Elle avait divorcé de son passé familial harassant, de son pays. Au fil des persécutions, la tribu paternelle de Zac s'était éparpillée de par le globe. Les Frank parlaient l'allemand le plus pur à la maison, éduquaient leur progéniture dans des écoles françaises et palabraient en anglais pour hâter leurs affaires nord-américaines. Zac avait donc lu Nietzsche, Lacan et Byron en version originale ; en se gardant bien d'atténuer les effets secondaires de ces anticonformistes de plume.

Un matin d'octobre 1981 donc, je déambulais avec lui dans Paris lorsqu'il se racla la gorge et s'immobilisa ; ce qui arrivait rarement à ce jeune érudit – anormalement savant – aussi frétillant qu'un tronçon d'anguille. À cet instant précis, nous nous trouvions sur le trottoir de l'hôtel Lutetia, l'ancien quartier général de l'Abwehr (service de contre-espionnage de la Wehrmacht) réquisitionné par la Croix-Rouge à la Libération. C'est là que la maman de Nathalie avait été accueillie lors de son retour d'Auschwitz, en équilibre entre l'enfer et la joie, ne sachant trop où se situer. En elle, tout était détruit. Encore chaud de

---

1. Son nom de famille a été modifié – tout comme son adresse –, à la demande des siens, très éprouvés, qui tiennent à leur anonymat.

la lecture du *Nain Jaune* (chapardé sur la table de nuit de ses parents), Zac me lança :

— Il écrit bien ton père, à bout de souffle. Mais… ton Daddy a été pour de vrai directeur de cabinet de Pierre Laval à partir de fin avril 1942 ?

— Heu… oui, je crois.

— Tu sais quand la rafle du Vél d'Hiv a eu lieu exactement ?

— Non.

— Les 16 et 17 juillet 1942. Le Nain Jaune était donc aux manettes depuis… deux mois et demi, calcula Zac. C'est embêtant. Les presque 13 000 raflés ont quasiment tous été envoyés à Auschwitz et gazés. Enfants compris.

— Grand-père n'avait rien à voir avec ça.

— Rien ne peut échapper au directeur de cabinet du chef du gouvernement français, précisa mon jeune ami en se tordant la lèvre de gêne.

— Tu crois ? balbutiai-je.

— Les documents concernant cette rafle ont forcément été discutés, à un moment ou à un autre, autour du bureau de ton Daddy. Et le directeur de cabinet du président du Conseil peut toujours dire non à un projet, c'est même son boulot de dégager en touche les demandes déraisonnables. Et de retoquer l'inacceptable. Tout ce qui a été signé par Laval de mai 1942 à octobre 1943 a été soit pondu soit relu mot à mot par ton Daddy. Un *dircab*, comme on dit, ça sélectionne les documents placés chaque matin dans le parapheur du ministre et ça oriente chaque décision.

Quand il ne dispose pas carrément d'une délégation de signature.

— Tu crois ? ai-je demandé en éprouvant un froid comme je n'en avais encore jamais connu.

— Pourquoi le Nain Jaune n'a-t-il pas démissionné ? articula Zac.

— Il ne savait pas…

— … où les trains de déportés se dirigeaient ? s'agaça alors Zac. C'était un homme brillant, pas un connard de milicien. Il n'a pas gobé sérieusement l'idée qu'on envoyait des bébés et des vieillards dans des camps de travail à l'Est !

— Si.

— Non… insista Zac. Ton grand-père n'a pas pu être frappé d'aveuglement pendant aussi longtemps. À moins qu'il ait à tout prix voulu s'en persuader. Ou refusé de s'informer.

Zac tapota sur la plaque de l'hôtel Lutetia et continua d'une voix voilée mais assurée :

— A-t-il eu la trouille que le gouvernement Laval soit remplacé par un Gauleiter (représentant personnel du Führer à la tête de certains pays conquis) pire que Vichy, sur le modèle des fripouilles qui ont brisé les Polonais ?

— J'ai déjà entendu cette thèse… à Vevey.

— C'est pourtant infondé, objecta-t-il. Aux yeux des nazis, les Français présentaient une valeur raciale très supérieure à celle qu'ils attribuaient aux Slaves. Ils n'ont jamais exterminé les prisonniers de guerre français alors qu'ils ont laissé crever de faim et de froid 3,3 millions de prisonniers de guerre russes sur les 5,7 millions qu'ils détenaient. Une deuxième Shoah… dont on se fout un peu à l'Ouest mais pas en Russie. Et Hitler n'a jamais fait fermer les hôpitaux en France alors qu'à l'Est les structures sanitaires étaient interdites pour que la race slave diminue peu à peu. En France, jamais les élites universitaires non juives n'ont été décapitées comme en Pologne. Si quelqu'un était informé à Vichy, c'était bien ton Daddy. Il connaissait les Allemands de près. La soi-disant crainte d'être remplacé par pire que soi ne tenait pas. Le nazisme obéissait à une stricte logique raciale, et ton Nain Jaune le savait mieux que quiconque. Ces tarés biologisaient tout. S'ils se sont laissé aller à des représailles, parfois, jamais ils n'auraient décimé les Français.

— Et le massacre d'Oradour-sur-Glane, qu'en fais-tu ? Les SS se sont comportés dans ce village du Sud-Ouest exactement comme avec les Slaves ! Ils ont liquidé tout le monde.

— C'était purement tactique.

— Pardon ?

— Oradour fut une importation ponctuelle des méthodes en vigueur à l'Est, devenues provisoirement nécessaires aux yeux des Allemands en raison du déplacement des troupes d'occupation du Sud-Ouest qui remontaient vers la Normandie, pour contrer le débarquement. L'OKW de la Wehrmacht (haut commandement de l'armée allemande) avait décidé de terroriser les civils, pour les désolidariser de la Résistance française et éviter la formation d'une république autonome dans le Centre. Oradour, c'est justement l'exception qui confirme la règle ; alors qu'à l'Est il y a eu des Oradour par centaines. Deux cent cinquante au moins, pour la seule Biélorussie.

— Peut-être bien... Je ne sais pas. Mais... Laval s'est tout de même opposé, au début, au port de l'étoile jaune exigé par les Allemands.

— Pas par amour des Juifs, rassure-toi, ironisa Zac. Mais au motif qu'il ne fallait pas en faire des martyrs aux yeux des Français. Le patron de ton Daddy gérait son opinion publique ! Pas la bonne santé des Juifs. Et puis ne l'oublie pas : Vichy est le seul régime qui ait livré aux nazis des Juifs planqués dans des territoires qu'ils n'occupaient pas !

Des questions de cet acabit et des commentaires aussi documentés, Zac m'en administra souvent sans la moindre précaution. En un rien de temps, ce jeune Pic de la Mirandole déboulonna complètement dans mon esprit la légende dorée du Nain Jaune. Et me glaça le cœur. Blessé dans l'admiration que j'avais jusqu'alors vouée à mon grand-père, je restais désemparé par les questions si informées dont Zac me bombardait ; faute de munitions de première main pour riposter.

Confronté à son érudition maladive, je découvris par lui, et avec stupeur, l'étendue des pouvoirs d'un directeur de cabinet. Mais il y avait pire encore : Zac se permettait de faire fi de la croyance qui avait jusque-là protégé le Nain Jaune de toute poursuite judiciaire. Mon ami osait voir la réalité en se moquant totalement de la convention qui veut qu'un directeur de cabinet n'occupe qu'une fonction purement administrative alors que les ministres en titre, eux, assument la responsabilité politique. Ce mythe français – qui m'avait été mille fois seriné, à la manière d'un dogme apaisant pour les Jardin – avait après guerre assuré la sécurité de la presque totalité des hauts fonctionnaires de Vichy ; et Zac, lui, se permettait de balayer cette règle culturelle. Comme s'il se fût agi d'une supercherie.

Vidé de mon sang ce jour-là, je me suis arrêté et lui ai dit :

— Si on allait voir le dernier James Bond ?

— Pardon ? reprit-il, éberlué.

— J'adore les James Bond.

En héritier des Jardin, je n'avais pas mis une minute pour ne pas avoir entendu ce que Zac venait de m'apprendre. Et ne pas même entrevoir la scène du 16 juillet à Vichy. Il me fallait à n'importe quel prix échapper à la brûlure de lucidité.

Personne ne peut admettre tranquillement que son grand-père a bien été aux affaires, au deuxième étage de l'hôtel du Parc, le matin de la rafle du Vél d'Hiv. Quand la réalité exagère et que le déshonneur rôde, ne reste plus que l'oxygène de la négation ; ou plutôt le retrait de soi. Cette forme de suicide provisoire.

Sans doute Zac le comprit-il : nous filâmes voir le James Bond saisonnier, *For Your Eyes Only*, avec Roger Moore et la jeune Carole Bouquet. Film dont je n'ai conservé aucun souvenir. À peine assis dans le cinéma, je fus saisi d'un irrépressible désir de dormir ; comme si une instance inconsciente m'avait sommé de convertir en rêves la révélation monstrueuse que je venais de ne pas entendre et que mon cerveau ébranlé ne parvenait pas à déglutir.

Au sortir de la salle, sur le boulevard du Montparnasse, j'avais retrouvé mon masque de gaieté. Le rire nerveux d'un garçon mort de son vivant ; pas encore prêt à endosser son sale héritage.

# Du côté de chez Soko

1982. J'ai dix-sept ans et je m'interroge sur mon avenir : vais-je devenir empereur à Bruxelles ou, plus modestement, président des Français ? Entrer vivant dans l'Histoire me tente.

Du ratage du Nain Jaune – carbonisé par la collaboration puis recyclé dans l'exercice de la puissance occulte – m'est resté un rêve politique qui rôde dans nos gènes. Et qui fermentera longtemps encore dans les songes débridés de ma tribu. En l'absence du Nain Jaune, mort en 1976, je me tourne vers l'un de ses plus proches amis ; un personnage malicieux hors catégorie, sans homologue, une figure de la vie politique ombreuse dont la présence énigmatique et les propos sautillants frôlent ma vie depuis mon enfance.

Soko fut longtemps d'apparence bolchevique, encarté paraît-il au PCF jusqu'en 1947 (qu'il trouvait mou). D'origine très russe, il déplorait ouvertement que les communistes de 1917 eussent épargné ses parents, trop bourgeois à ses yeux. Émigrés en Suisse avant de poser leurs

valises élégantes à Paris, ces derniers eurent l'idée
saugrenue de le confier à un précepteur complexe,
un lascar qui se garda bien de les informer de son
marxisme véhément (et provisoire) : Marcel Déat,
normalien, agrégé et futur patron des fascistes
français. La roue des passions criminelles tourne si
vite dans l'Europe de ces années-là… Après la Première Guerre mondiale, Déat fit de ce jeune
garçon à la cervelle incandescente un marxiste
provisoire, subtil et plus paradoxal que mordant.
Insinuant, Soko prétendit ensuite loger chez Maurice Thorez (secrétaire général du Parti communiste français, le toutou de Moscou), s'affilier avec
émotion au KGB, puis plus froidement aux services de renseignements français avant de se faire
embarquer avec Pierre Laval lorsque Pétain le
limogea et le fit arrêter le 13 décembre 1940. Soko
se trouvait ce jour-là dans le bureau de Laval, à
l'hôtel du Parc, à pérorer comme toujours.
Comment imaginer ses liens désormais avérés, à
cette date, avec les services de renseignements
nazis [1] ? C'est en prison que Laval et lui nouèrent

---

1. Voir aux Archives nationales dans F7 15307, propa-
gande allemande, « Communication de M. Mianney », un des
dossiers de la Direction des Renseignements généraux de la
Sûreté nationale de 1944 les plus précis sur l'organisation des
services de répression et d'espionnage allemands, notamment
la section VI [du Reichssicherheitshauptamt (RSHA)], orga-
nisme de la SS pour lequel Soko travaillait. Voir également
dans AN, 3 W 358, 2, « Interrogatoires et rapports d'Allemands, 1944-1947 », l'audition par Marc Bergé, commissaire

non pas des liens – c'était fait – mais une amitié étroite ; affection inusable qui, par la suite, le rapprocha inexorablement du Nain Jaune. Aprèsguerre, les deux compères d'influence – dotés d'un odorat politique qui leur tenait lieu d'instrument de navigation – prirent chaque matin leur petit déjeuner ensemble à l'hôtel Lapérouse, le palace parisien où Jean avait élu domicile non officiel.

Soko était une sorte de Nain Jaune qui, en fauxjeton professionnel, lisait la *Pravda*.

Snob de cœur, slave d'esprit, communiste d'apparence...

Même entregent ensorcelant, même capacité à fréquenter les nazis enthousiastes (ce que j'ignorais totalement de son vivant), les staliniens blêmes, les vichystes aryens, les SS exécuteurs, les

divisionnaire Direction des RG, de Nosek Roland, 18 novembre 1947, « Examen de situation », qui rapporte en détail l'identité des agents allemands, notamment le Dr Boujau, qui suivaient étroitement l'action de Sokolowsky dans son travail de surveillance rapprochée de Laval et « les membres de son cabinet » pour le compte de ce service de la SS établi au 11, boulevard Flandrin, dans un immeuble adossé à l'hôtel du boulevard Lannes, siège du « chef des SS pour la France ». Les deux immeubles communiquaient alors par les caves. Ce service était spécialement chargé de l'organisation des équipes de Paris pour la presse collaborationniste et la surveillance politique de la France. (Toutes ces précisions et ces documents accablants – dont les cotes sont citées cidessus – m'ont été fournis par l'historienne Annie LacroixRiz ; je ne cite ici que les plus importants.)

présidents des tribunaux d'exception, des conseils d'administration les plus divers, le personnel ondoyant de la III$^e$, de la IV$^e$ puis de la V$^e$ République.

Un homme de couloir, d'intrigues basses et de secrets inextricables.

J'arrive chez lui, rue du Bac à Paris.

Le vieux Slave paradoxal qui me reçoit a des allures de radeau de la *Méduse*. Une carcasse qui le lâche. Un profil de bas-relief aztèque. Une tête étrange, exemptée de front et moquettée d'une chevelure dense semblable à du poil de fox-terrier. Ses poumons usés semblent si obstrués d'asthme qu'il respire à l'aide d'un tuyau qui infiltre un filet d'oxygène dans sa cage thoracique arachnéenne.

Soko s'indigne que j'aie pu former le projet d'entrer à Sciences-Po, éructe contre mon affligeant conformisme. Pour envisager un trône convenable, il lui paraît judicieux d'intégrer une école de renseignements où, sous statut militaire, j'apprendrai des choses utiles : résister à un interrogatoire dans une baignoire, noyauter un parti félon, distribuer des fonds secrets, tisser un réseau relationnel en cellule, trahir, prendre des garanties avant de se faire libérer sur intervention politique… Effaré par ce très singulier conseiller d'orientation – si différent des assoupis que j'ai pu connaître au lycée (et dont j'ignore à cette date l'ancienne proximité avec les renseignements de la SS) –, je proteste en arguant que mon intention n'est pas de finir agent secret ni de passer à la

gégène. Soko s'indigne de mon étroitesse d'ana-
lyse, me fait observer que Bush a dirigé la CIA et
Gorbatchev le KGB ; la conversation dérive.

Tout à coup, j'encaisse une dérouillée.

Soko lève un doigt ingénieux et se met à me
parler du Nain Jaune avec tendresse, cocasserie et
effusion. Il évoque son adresse inouïe à manier les
folies des hommes, à marier l'inconciliable, à
assumer en sous-main des responsabilités cos-
taudes. Ce portrait me réchauffe le cœur, flatte
mon hérédité aux aguets. Mais soudain, prise
d'émotion, la voix de Soko émet un son glacé. Il
ajoute en sifflant une ration d'oxygène par le
mince tuyau qui le maintient en vie :

— Il faut que tu saches, Alexandre, que pour
les quatre mille enfants, c'est un malentendu très
regrettable. Nous ne voulions pas séparer les
parents et les enfants. Quand Jean a réclamé que
les Allemands les prennent, les gamins, il ne savait
pas qu'à l'arrivée des trains, en Pologne, ils
seraient tous grillés.

Avant que j'aie pu comprendre le fil exact de
cette affaire, Mme Soko bondit dans la pièce où
nous nous tenons. Elle réprimande vertement son
mari d'utiliser, surtout en présence d'un tiers, un
verbe pareil : « Pour des enfants, on ne dit pas
*grillés* ! » Terme qu'elle réprouve si véhémentement qu'il m'est resté.

Troublé par l'émotion bégayante de Soko qui
cherche à blanchir son ami, je demande des éclaircissements. Sans imaginer une seconde que j'ai en

face de moi un ex-informateur du service SS VI A. Et j'en obtiens : les quatre mille enfants du Vél d'Hiv avaient bien été séparés de leurs mères et internés seuls, après la déportation des parents accompagnés des adolescents de plus de seize ans, dans le camp tricolore, contrôlé par Vichy, de Beaune-la-Rolande ; ainsi que dans celui de Pithiviers. Laval avait tant insisté pour que les Allemands en prennent livraison que le 20 juillet 1942, ces derniers y avaient consenti. Tous avaient été incinérés dès leur arrivée à Auschwitz. Et j'apprenais par la bouche de l'apoplectique Soko – poursuivi par cet épisode macabre – que son camarade de toujours, Jean Jardin, avait été favorable, en tant que directeur de cabinet de Pierre Laval, à cette « option humanitaire » (la remise aux Allemands) ; au motif qu'il eût été parfaitement inhumain de prolonger cette séparation des familles. Des gens très bien, on vous dit !

— Nous ne savions pas que les enfants allaient être grillés ! me répéta Soko sous le nez de son épouse irritée qui, hors d'elle, levait les yeux au ciel que son mari persistât à employer un verbe aussi inconvenant.

Comme si l'horreur tenait au vocabulaire.

Comme si ce que je venais d'apprendre n'était pas de toute façon inaudible.

Pris d'une soudaine difficulté à respirer, plus grande encore que celle qui asphyxiait ce Soko aux poumons mités, je me suis carapaté. J'ai fui cette promiscuité oppressante, cette intimité quasi familiale qui suscita chez moi un effondrement mélancolique brutal. Ma famille avait de bien étranges amitiés… Pris de vertige, submergé par le froid, j'en vomis à pleine gorge sur le trottoir de la rue du Bac. Il me fallait rendre les infos qui avaient trop brusquement déboulé dans ma vie. Un détail m'avait scié, plié en deux : pour Soko, le drame de toute cette histoire paraissait résider entièrement dans l'injustice qui leur avait été faite, à eux les comparses de Laval (« nous ne savions pas qu'ils seraient grillés ! »), et non dans le fait que ces quatre mille enfants juifs avaient bien été *grillés*. Rue du Bac, je titubais, les oreilles pleines de ces deux syllabes qui sentaient la cendre humaine.

Cette fois, je ne pouvais plus aller m'endormir dans une salle de cinéma. Aucun James Bond ne me tirerait d'affaire. Jamais je n'avais connu une douleur morale aussi intense.

Cette scène, je ne l'ai jamais révélée à personne.

En écrivant *Le Roman des Jardin*, j'ai tenté de parler de cet épisode glaçant ; mais, soudainement paniqué, incapable à l'époque d'en assumer publiquement l'horreur, j'ai retenu ma plume. Pour finir par écrire un chapitre rigolo qui met en scène la bizarrerie attrayante de ce Russe polymorphe au nez rétractile étonnamment aquilin. Quand le pire franchit un certain seuil, il faut bien réinventer le monde. Le biffer, le colorier, rameuter un maximum de fantaisie. Ce moment fou détermina sans doute ma rage à faire rire de mon clan.

Mais à compter de ce jour, je n'ai plus jamais cessé d'ouvrir les yeux. Secrètement, par crainte de la réaction des miens ; par terreur aussi de rapatrier dans notre famille la violence de 1942. Et en traquant les traces de vérité, ces fragments encore lisibles de notre passé gonflé de fables. Confusément, je redoutais qu'après avoir divisé les Français Vichy ne vienne déchirer ce qui restait des Jardin.

L'époque n'était pas prête à toutes les lucidités ; moi si.

## Mes doutes éphémères

De temps à autre je me réfugiais dans des périodes d'apaisement. En atténuant ma lucidité. En espérant encore que Jean ait été finalement étranger au pire de Vichy. En rejoignant les sympathiques affabulations des Jardin. En cessant de fréquenter Zac qui, de toute façon, restait en marge de ma vie. Je préférais le présent au passé.

Cela me reconstituait. Deux jours. Un mois.

Je retrouvais alors la joie d'être un Jardin, de surfer sur nos légendes.

Le Nain Jaune n'était-il pas, à lui tout seul, un sacré morceau de romanesque ? Un incompris de grande classe, condamné hâtivement par l'Histoire toujours réécrite par les vainqueurs ? N'avait-il pas fait le bien à sa portée, à chaque fois qu'il l'avait pu, en sacrifiant sa propre quiétude morale ? Ne devais-je pas voir en lui un martyr portant une couronne d'épines, un haut fonctionnaire apolitique qui avait avalé non des couleuvres mais des vipères et des pelotes d'épingles afin de servir le pays jusqu'au bout ? N'était-il pas de ceux

qui, portés par un dévouement réel de pur techni-
cien, avaient eu le cran de se damner pour les
autres ? N'avait-il pas été chef de cabinet et non
directeur de cabinet de Laval, comme certains
documents l'indiquaient parfois avec un certain
flou ? Ce qui aurait fait de lui, je l'espérais désespérément, un strict exécutant, très secondaire
(comme si ce distinguo moderne avait eu en 1942
le sens administratif qu'on lui attribue aujour-
d'hui…). Le Nain Jaune n'avait-il pas empêché, en
restant à son poste dans la tourmente, que les vrais
fripouilles politiques – Marcel Déat et Doriot,
deux fascistes roublards – ne saisissent trop vite le
gouvernail du pays ? Le temps que l'Amérique
forge les armes de notre libération. L'antienne du
glaive (de Gaulle se battant à Londres) et du bouclier (Pétain protégeant les Français à Vichy) ne
comportait-elle pas une part de vérité tactique, à
défaut de légitimité morale ? Ces sornettes, longtemps si utiles aux consciences françaises, me soulageaient bien un peu.

Comme elles soulageaient les miens qui me
répétaient qu'il n'avait été qu'un vague subor-
donné, que les débusqueurs de collabos actifs
– type Klarsfeld – ne lui avaient jamais rien
reproché frontalement…

Mais elles avaient un coût : celui de me décrocher de ma sensibilité ; car pour avoir beaucoup lu
sur l'emploi des forces de police françaises de tous
poils (municipale, gendarmerie et agents des RG)
sous son règne administratif, je savais hélas que

l'abjection, la traque minutieuse et le fichage opiniâtre des non-Aryens par nos services – alors que
les Allemands n'eurent jamais plus de deux mille à
deux mille quatre cents policiers sur le territoire
français – dataient bien de son époque.

Il me fallait, pour adhérer à ces fariboles qui
comportaient une part de vérité, renoncer à ma
part d'honnêteté. Divorcer d'avec le meilleur de
moi. Et ne pas me construire, demeurer dans les
limbes d'un âge non adulte ; car on ne peut pas se
bâtir sur le sable de la mystification – fût-elle
gobée par un pays entier – ni s'appuyer sur de
l'ambiguïté. L'action érosive du mensonge est sans
fin. Mon hérédité fallacieuse me rendait un peu
faux, tarissait ma sève, sapait ma confiance en
moi ; ce qui est la mort dans la vie. Notre respectabilité truquée m'empêchait d'en trouver une
réelle.

D'un naturel positif, j'abritais un détrompé souriant, une amertume noyée dans des quintes de
rire ; comme si l'homme avait été une erreur de
jugement et que j'avais eu honte de cette opinion
sombre.

Je finissais par en vouloir au Nain Jaune non pas
d'avoir été un collabo mais de faire de moi son
complice, le délégué en quelque sorte de ses noir-
ceurs assumées avec candeur ; alors que depuis la
libération des camps, et surtout la diffusion des
images projetées au procès de Nuremberg, les
conséquences de ses actes politiques n'étaient plus
contestables. J'étais prêt à lui pardonner de s'être

dupé lui-même ; pas de m'avoir muselé par fidélité. Et encore moins qu'il n'eût jamais changé
d'opinion sur la collaboration d'État après l'ouverture d'Auschwitz. Contre qui me venger ? Uriner,
cracher, colérer ?

Alors, je revenais toujours à Zac ; en comptant
sur mes douleurs.

Dans le dos des miens.

Qui ne voyaient pas encore en moi un apostat.

## Zac m'a dit

Nous sommes sur une barque du lac du bois de Boulogne ; une flaque imbue d'immobilité. Zac y vient souvent pour chevaucher des filles inouïes sur l'eau. Il paraît que ça donne une sensation d'éternité. Les draps formels du mariage l'ennuient ; même si, concède-t-il, ça peut produire de beaux orgasmes. Je rame au soleil en expliquant à mon ami insolite – à qui je n'ai pas osé confier l'épisode des quatre mille enfants du Vél d'Hiv – que je suis retourné voir Soko :

— Je l'ai harcelé. Je voulais des éclaircissements sur ce que Jean savait ou ne savait pas sur la Shoah.

— Et ?

— Il a fini par me lâcher du bout des lèvres que, parfois, ils avaient eu des doutes. Des doutes brefs, rien de sérieux, des impressions fugitives. Mais il a insisté : Auschwitz était impensable.

— Donc ton Daddy savait, conclut Zac.

— Pourquoi ?

— Personne ne doute dans le vide. C'est une impossibilité psychologique. On ne doute pas du néant, de rien. Douter en l'air, sans indices, n'a aucun sens. Avoir des doutes, même fugaces, c'est nécessairement refuser d'admettre ce qu'une partie de soi sait déjà.

— Tu crois ? ai-je demandé en toussant.

— Ou alors, ton Daddy n'a pas voulu savoir, parce que ça remettait trop durement en cause son engagement, ce qu'il était, sa conception du monde, les valeurs auxquelles il croyait et tenait mordicus. Tu dis que c'était vraiment un mec bien ?

— Oui.

— Alors il a dû se persuader qu'il faisait le bien.

— Ou le moins pire.

— Tu sais, même à Auschwitz il y a eu des médecins SS qui se percevaient comme des types formidables simplement parce qu'ils ont refusé de participer aux sélections qui déterminaient, d'un coup de menton, qui était bon pour le gazage ou le travail forcé. Les déportés eux-mêmes ont regardé ces gars-là comme des gens très bien ! Pour préserver l'estime de soi, l'homme peut se raconter n'importe quoi.

— Le Nain Jaune ne travaillait pas à Auschwitz, ai-je aussitôt corrigé.

— Qu'est-ce qu'il t'a raconté d'autre ton coco vichyste avec son tuyau dans le nez ?

— Que Jean était un type loyal, réglo : il n'a jamais renié sa fidélité à Laval. Alors que tout Vichy a ensuite retourné sa veste, dès que le vent a tourné.

— Ben voyons… ironisa Zac. Les Américains ouvraient les camps, diffusaient des images sans appel, et ton Nain Jaune, lui, au lieu de se tirer une balle dans la tête de désespoir, restait un mec bien, loyal ! Droit dans ses bottes, fidèle à son amitié ! En faisant de sa loyauté la preuve de sa probité… De l'art de manipuler en toute honnêteté l'abjection pour en faire… une vertu, un modèle d'exemplarité. C'est dingue tout de même ce que peut faire un être humain empêtré dans son besoin d'être correct…

— Il était vraiment réglo, ai-je repris en tentant une dernière fois de sauver l'honneur de mon grand-père. Soko m'a raconté que quand Jean a rendu l'ambassade de Berne au gouvernement provisoire, en 1944, il a remis à son successeur les fonds secrets – en liquide – jusqu'au dernier centime.

— Fidèle, loyal, honnête financièrement… répéta Zac rêveur. Il livrait les Juifs par familles entières, sans oublier les enfants, mais il mettait un point d'honneur à rendre les fonds secrets jusqu'au dernier centime… quelle époque !

— Je crois qu'il avait une conscience en ordre.

— Comment l'a-t-il fait taire justement, sa conscience ? Au prix de quelles contorsions ? Comment diable a-t-il protégé son âme effrayante de catho-réglo-fidèle-en-amitié ? Il n'a pas laissé de mémoires, ton Nain Jaune ?

— Non, rien.

— Des documents peut-être, des archives ?

## Les cartons du Nain Jaune

Été 1982. La famille Jardin s'est résignée à vendre la Mandragore ; notre demeure 1900 située au bord du lac Léman, l'écrin de nos souvenirs. Son petit port privé était gardé, en bout de digues, par des lions de pierre au rugissement minéral. C'était moins un lieu qu'un décor rêveur, une illusion cernée d'un parc irréel. Nos songes y sont restés. Il a fallu emménager dans une maison de location plus vaudoise, moins Jardin, plus réelle ; sur les hauteurs de Vevey. Un fief vigneron. Au grenier, bien ordonnées dans des cartons fermés hermétiquement, dorment les archives privées du Nain Jaune. Comme par hasard, personne n'a eu l'idée de les éplucher. Quand la passion de la cécité tient une famille…

La nouvelle génération des Jardin est partie se baigner dans le lac ou jouer au tennis à Montreux avec des jeunes filles blondes. J'en profite.

Hanté par mes conversations acides avec Zac, je monte au grenier avec un couteau. Mille mouches m'assaillent sous les combles. Je les chasse du revers de la main, fends les scotchs épais qui scellent ces dossiers intimes de la collaboration et me mets à les compulser. Très vite, accablé de chaleur, je tombe sur des documents libellés sous forme d'attestations quasi officielles. Toutes indiquent que, décidément, Jean Jardin fit le bien au service de la France qui se battait sans pactiser avec Hitler. Une lettre d'un Cdt Pourchot – qui se déclare représentant des services de renseignements d'Alger à Berne – atteste que le Nain Jaune s'est bien conduit et qu'il a, comme on disait alors, rendu des services. D'autres documents de ce genre me passent entre les mains. J'ai froid. Une pensée m'empoigne : pourquoi mon grand-père, d'allure si sereine, a-t-il jugé nécessaire d'accumuler ces pièces-là ? En vue de quel procès en ignominie ? Les tranquilles grands-parents de mes copains de classe, eux, ne stockent pas des dossiers pareils en vue d'éventuelles poursuites. Qu'est-ce que cela signifie ?

Troublé, je repense à une plaque en faïence bleue fixée dans les toilettes de Verdelot, le fief campagnard de ma mère. Le Zubial, noctambule impénitent, avait volé cette plaque une nuit, au début des années soixante-dix, sur une pelouse de la ville de Saint-Tropez. Son libellé l'avait fait sourire : « Prière de respecter et de faire respecter les Jardin. » Moi, elle m'avait toujours fait frissonner. Et si cette injonction municipale, finalement, n'était pas une plaisanterie ? Comme si elle posait,

sur la place publique, la question de notre honorabilité... dont le Zubial avait préféré s'amuser en
affichant cette phrase dans nos toilettes ; là où se
vidange la merde d'une famille.

Retour aux archives du Nain Jaune.

Quelques jours plus tard – dans un carton manifestement intouché avant moi –, je déniche un clas-
seur vert qui rassemble une série de discours de
Pierre Laval à ses préfets. En directeur de cabinet
scrupuleux, Jean Jardin les a classés ; et annotés
pour certains de sa belle écriture ; ce qui entre
bien dans ses fonctions très classiques de premier
collaborateur. Comment aurait-il pu exercer cette
charge officielle sans jamais rien scribouiller ou
suggérer ? Je tourne les pages et lis, les yeux écar-
quillés, ce que Laval et les cadres du régime se
disaient les yeux dans les yeux quand la porte était
fermée. Saisi par un haut-le-cœur devant l'antisémitisme décomplexé – et un peu gouailleux – de
ces allocutions, je m'affole, pâlis et me dis que,
finalement, ce que je viens de découvrir est bien
banal : Vichy – régime champion toutes catégories
de l'Histoire de France raciste – est antisémite...
Mais j'ai là, devant moi, sur certains des discours,
les annotations de son directeur de cabinet – pas
bien graves si mon souvenir est bon – qui se trouve
être... le Nain Jaune. Je respire, lutte contre le
froid qui me gagne et conviens qu'après tout quoi
de plus normal pour un directeur de cabinet de
relire et de rectifier les allocutions officielles du

Président. Oui, mais l'homme qui a griffonné sur
ces pages désinhibées porte bien mon nom ; ou
plutôt c'est moi qui supporte le sien.

Saisi d'angoisse, croyant tenir le document pro-
bant qui interdira aux miens de refermer les yeux,
je cours montrer ces discours à des membres de
ma famille. Aucun ne réagit vraiment. J'en reste
soufflé. L'un d'entre eux le glisse dans un tiroir ;
sans doute celui de l'oubli. Il ne reparaîtra plus
jamais.

Pour distinguer une vérité, il ne suffit pas de
poser les yeux sur un document ; encore faut-il
être en mesure d'en apprivoiser le sens, de l'incor-
porer à un contexte qui lui prête sa signification.
Qui, parmi les prélats de l'Église d'aujourd'hui,
pourrait croire une attestation signée par des som-
mités médicales déclarant qu'une vierge gali-
léenne d'il y a deux mille ans ne peut en aucun cas
tomber enceinte ? Ceux qui lurent ce document,
comme le Zubial, étaient alors, je le crois, psychiquement incapables de relier le pire à un homme
aussi droit que Jean Jardin. Il y avait là pour eux
une forme d'absurdité, de défi au plus élémen-
taire bon sens. Comment admettre que le mal pouvait jaillir d'un cœur pur, de l'intégrité faite
homme et d'un politique doté d'un sens supérieur
de la responsabilité ?

Sans doute aurait-il fallu pour cela qu'une partie
de ma famille reconstitue la géographie morale
– aux valeurs très hiérarchisées – des hommes de

la collaboration. À l'exception d'une poignée d'hystériques, la plupart d'entre eux furent empreints d'une éthique élevée. Des gens très bien sans lesquels la Révolution nationale n'aurait jamais pu réprimer autant ; ni ostraciser puis déporter massivement avec une telle diligence. Éthique évidemment criminelle à nos yeux qui plaçait au premier rang de leurs préoccupations le maintien de la souveraineté nationale et la sauvegarde du principe de légitimité. Au prix, certes, de quelques déportations fâcheuses ; mais à la bourse des valeurs conservatrices de 1940, la souveraineté tricolore semblait mieux cotée que le sort des enfants juifs, surtout non nationaux. Ou portant des noms si peu français (les dénaturaliser avant de les remettre aux Allemands n'était donc pas un bien grand crime). Et puis, le Nain Jaune pouvait s'enorgueillir à bon droit, en patriote cerné de gens très convenables, d'avoir fait arrêter les Juifs par notre police plutôt que d'avoir laissé la bride à la Gestapo. Ce qui eût été, dans son esprit, faire le mal véritable, ouvrir la porte au démon. En défendant à tout prix l'essentiel – notre souveraineté en lambeaux –, il pouvait se décerner à bon compte un étonnant brevet de moralité qui le préservait de toute culpabilité. Dans son cerveau pourtant perfectionné, tout semblait curieusement inversé. En devançant certaines exigences allemandes, lui et ses collabos montraient à Hitler que les fiers Gaulois étaient capables de s'occuper eux-mêmes de leurs Juifs, en toute indépendance, sans recevoir de leçons étrangères. Afin de garder la France française, parbleu ! Car là était sans doute le bien ultime pour ces hommes fabriqués par une époque cocardière, à peine sortie des tranchées. Ah ! les bienfaits (terrifiants) d'un certain patriotisme sourcilleux et d'une idée si paradoxale de l'indépendance nationale… Parfois, je me suis dit que ces vichystes fous de morale, de contrition et animés d'une étrange passion du sacrifice, eussent pu ouvrir eux-mêmes des camps d'extermination pourvu que les barbelés fussent *made in France*, les gardiens gaulois et le gaz tricolore.

Que ne ferait-on pas au nom du bien…

Surtout quand on bénéficie du soutien moral de la légalité.

Des années plus tard, en feuilletant *Une éminence grise*[1], la biographie du Nain Jaune, une certitude m'a traversé. Si son biographe affûté a pu ne pas parler une seule fois de l'antisémitisme du Nain Jaune dans son texte, c'est de toute évidence que ses yeux ne se sont jamais posés sur des documents aussi hideux que ceux rangés dans ce classeur-là.

Peut-être est-ce là le boulot des petits-enfants ? Sortir de la glaciation, fissurer le silence. Et faire dérouiller les certitudes. *Quand on écrit, trop tard n'existe pas.*

---

1. De Pierre Assouline (Gallimard, « Folio », 1988).

Le Zubial lui-même ne pouvait sans doute pas avoir une opinion sur Vichy. Ou seulement par instants fugitifs. Son psychisme entier s'était réfugié dans une logique qui excluait le réel. Fictionner la vie et la vivre follement demeurait son opium.

# Que savait le Nain Jaune ?

Un seul de ses petits-enfants eut un entretien franc avec le Nain Jaune : ma demi-sœur Nathalie, de dix ans mon aînée. Les autres naquirent trop tard pour connaître ce privilège ; ou plutôt cette illusion de dialogue ; car ma grande sœur n'obtint ce soir-là que peu d'informations sur la quantité de morale que cet homme de bien avait mobilisée en lui pour collaborer avec les nazis, ostraciser les Juifs, spolier leurs biens. Et livrer leurs enfants.

1975, Vevey. Nathalie a vingt ans.

À la télévision, des images de la Shoah déboulent dans le téléviseur des Jardin ; comme si le passé était venu frapper à la porte du domicile suisse du directeur de cabinet de Pierre Laval. Plus de noir que de blanc heurte les rétines de ma sœur et fissure sa conscience. Une voix *off* associe le pire à Vichy, à l'action directe du patron du Nain Jaune. Tout cela lui perce le cœur. Courageuse, et saisie d'effroi, elle file rejoindre notre grand-père qu'elle aime comme un père. Ce soir-là, elle a besoin d'éclaircissements, voire de réponses difficiles ; car elle ne peut changer d'hérédité.

Dans sa bibliothèque personnelle du premier étage de la Mandragore – qui lui sert de chambre à coucher –, le Nain Jaune ne se dérobe pas. Homme de maîtrise, habitué aux débords de la vie, il allume une cigarette. Une Gitane cette fois, la guerre est finie et les Balto ne le tentent plus. Sur son bureau trône, dans un petit cadre ancien, la photo de Pierre Laval qu'il conserva jusqu'à sa mort ; ainsi qu'un portrait du maréchal Pétain fourbu de dignité. Le Nain Jaune adresse à Nathalie son regard le plus clair en se réfugiant dans une obscurité qui rappelle celle du Caravage ; cette lumière à peine tolérée qui n'éclaire que des êtres déjà morts. La partie qu'il engage avec l'aînée de ses petits-enfants est ardue. Cette fois, c'est lui qui a froid. D'instinct, il sent qu'il y joue infiniment plus que sa réputation sociale : sa postérité, la vraie, celle qui infusera longtemps encore dans le cœur des siens lorsqu'il aura quitté cette terre.

Que savait-il exactement du sort des déportés en 1942 ? La question biaisée est d'emblée posée par Nathalie ; biaisée car elle permet aussitôt à Jean de se défausser en affirmant, les larmes aux yeux, qu'il ne savait pas où les trains partaient. Il lui en donne sa parole ; ce qui, dans la bouche d'un homme comme le Nain Jaune, vaut signature. Comment aurait-elle pu mettre en doute la sincérité de son grand-père ? Sans trembler, Jean fait à

Nathalie le coup de la sainte ignorance, très efficace, du « cela excédait ce que l'on pouvait imaginer ». Il murmure qu'à l'époque, à trente-huit ans bien tassés, il croyait déjà bien connaître l'Homme, ses cavités, jusqu'où il pouvait aventurer sa nocivité. Mais, compte tenu de ce que la vie avait logé dans son cerveau, impossible de penser l'impensable, de soupçonner l'incompréhensible.

Comme si le directeur de cabinet de Pierre Laval – qui se frottait quotidiennement aux représentants d'Hitler – avait pu s'illusionner sur la bienveillance des nazis à l'égard des Juifs. Qui peut croire de tels délires ? Comme si cet homme tout en alertes n'avait pas remarqué les très curieuses conditions de transport que le Reich réservait aux Juifs captifs. Comme si le fin politique qu'il était déjà, expert en lucidité, n'avait pas compris depuis des lustres que les paroles et les prophéties du Führer, ce cavalier de la violence, devaient être prises au pied de la lettre. Comme si le Nain Jaune, loin d'être un piéton sous-informé, n'avait pas eu un accès direct aux services secrets français et américains, aux rapports parfois très clairs de certains de nos agents – nous y reviendrons. Comme si Jean Jardin, si curieux de tout, n'avait jamais pu consulter comme tout un chacun les articles des correspondants du *New York Times*, terriblement lucides sur les massacres massifs perpétrés à l'Est au vu et au su de l'opinion publique de l'Europe orientale. Comme si

l'ambassadeur de France à Berlin – André Fran-
çois-Poncet, saisi d'une combustion permanente
et d'une ahurissante polygraphie – n'avait pas,
avant guerre, allumé tous les signaux d'alerte. Et
décrit par le détail, en quarante volumes de correspondance fort peu diplomatique, la logique élimi-
nationniste de ce régime d'un type parfaitement
inédit. Comme si la déportation de vieillards et de
gamins juifs dans de prétendus camps de travail à
l'Est avait été crédible pour un esprit sensé qui, de
surcroît, pouvait constater que le STO (Service du
travail obligatoire institué en février 1942) n'expé-
diait en Allemagne *que des gens en âge de travailler*. Comme s'il n'avait pas été tout simplement
absurde de vider la France d'une variété d'êtres
humains n'ayant, au fond, guère de points
communs. Comme si, surtout, le seul sujet de la
déportation pouvait occulter tout le reste de la
politique raciale que Jean avait contribué à mettre
en œuvre ; et cela bien avant de servir directement
Laval puisque le Nain Jaune avait été nommé, dès
janvier 1941, chargé de mission auprès du cabinet
d'Yves Bouthillier, ministre des Finances de
Vichy, qui traitait de la révulsante aryanisation des
entreprises juives. Autant dire un braquage d'État,
le dépouillement légal et tatillon des enfants
d'Israël réduits à la misère par la France officielle.

De tout cela, Nathalie, si mal informée, ne peut
évidemment pas parler. Elle a vingt ans et n'a
guère approfondi l'œuvre raciale du gouvernement servi loyalement par le Nain Jaune : le tri

méticuleux des humains, la paupérisation légale des Juifs, leur dénaturalisation méthodique, leur marquage puis leur éjection hors du périmètre national. Les images acides qu'elle vient de voir à la télévision lui pèsent encore sur l'estomac ; mais elle a tant besoin de croire son grand-père, de l'absoudre. De se faufiler hors de son émotion suffocante. Trop d'amour pur les relie. Il faut qu'elle y parvienne.

Accablé dans son fauteuil, Jean jette un œil à la photographie de Laval et lâche d'une voix désespérée une phrase qui ébranle sa petite-fille :

— Que pouvions-nous faire ?

Naturellement, Nathalie ressort de la bibliothèque réconfortée, réchauffée même, apaisée par les vibrants propos de son grand-père si tendre. Ouf, nous restons des gens très bien. Comment aurait-il pu en être autrement ? Naïve, elle se figure que pour permettre le pire, qu'elle a aperçu à la télévision, il faudrait être un monstre ; et non un homme sensible, cousu de loyauté. Comment, si jeune à l'époque, aurait-elle pu savoir que lorsque quelqu'un de très bien s'égare dans un cadre infernal, il n'est plus nécessaire d'être le démon pour le devenir sans délai ? Le Nain Jaune, lui, est grandement soulagé au sortir de cet entretien.

Il ignore encore que l'un de ses petits-enfants, le petit Alexandre, moins sous l'emprise de son charme, viendra plus tard interroger ses mânes, appuyé sur d'autres connaissances ; et paniqué à l'idée que son propre regard puisse faire de lui le complice d'un silence de famille.

Ce soir-là, le Nain Jaune ne peut pas imaginer que la vie m'apprendra peu à peu, avec l'aide de Zac et de certains autres, que la question du degré de connaissance de la Shoah, à l'été 1942, n'était pas aussi simple que ce qu'il a bien voulu affirmer à Nathalie en cette soirée de 1975.

Poser la question en termes binaires comme on le fait depuis des décennies – les collabos savaient-ils ou ne savaient-ils pas que l'Allemagne anéantissait les Juifs d'Europe ? – relève d'une vision du psychisme humain assez débile, qui ignore l'art de se tromper soi-même. Notre conscience des choses ne fonctionne pas comme un interrupteur qui ne connaîtrait que deux positions : *on* et *off.* Les hommes ont toujours eu un rapport biseauté et mouvant avec la vérité des faits ; et une manière parfois très déroutante de regarder l'évidence placée sous leurs yeux. Entendre une information suppose d'être en mesure de l'écouter sans parasites ; voire de renoncer à son propre système perceptif, à l'effet sécurisant des vieilles convictions, aux fidélités qu'elles impliquent. Discerner une nouvelle épineuse exige au préalable de s'y autoriser. Pour relier des indices, il faut encore désirer le faire. Et puis, on ne conteste pas une pensée dominante, institutionnelle, sans imaginer que la possibilité de s'accorder cette liberté existe bien. Il y a mille méthodes inconscientes pour qui souhaite ignorer une vérité qui crie.

Cette manière d'ondoyer dans les labyrinthes de la pensée criminelle, je la dois à Zac. C'est lui qui, dégagé de toute logique simplette, m'y entraîna.

## Zac m'a dit

Automne 1982, à Paris. J'ai dix-sept ans et déjà je suis plusieurs. Gai de façade, lesté d'ombres. Chaleureux avec autrui et froid à l'intérieur. En allant déjeuner place du Palais-Bourbon, au domicile très familial de Zac, je croyais avoir rendez-vous avec sa frénésie de vivre. Pas avec l'une des explications de la cécité du Nain Jaune. Qui fut – sans nul doute – l'un des Français les mieux renseignés de l'époque, en temps réel ; donc l'une des vigies de Vichy qui pouvaient sans grande peine accéder à un fort degré de lucidité.

Je pénètre dans un étonnant appartement tourné vers l'Assemblée nationale. Chaque pièce aux allures d'aquarium contient de quoi assurer une exposition au Louvre ou à la Tate Gallery : tableaux de maîtres à profusion, dessins de Picasso punaisés sur les murs comme des timbres, des cubistes en vrac, du Matisse en veux-tu, en voilà. La famille de Zac en vend et en achète aux quatre coins des terres émergées depuis des générations. Mais seule une gigantesque toile retient mon attention : un Eugène Boudin que j'ai toujours vu chez les Frank, dans leur salle à manger. Ce Boudin me rappelle évidemment celui que les Jardin possédaient jadis à la Mandragore au premier étage, dans la chambre-salon de ma grand-mère. Cette huile de belle taille donnait à admirer une très classique scène de plage trouvillaise en laquelle la mère du Zubial, d'origine normande, se plaisait à retrouver le parfum et les élégantes mœurs estivales de sa jeunesse. Le tableau des Frank, offert en 1965 à l'occasion du mariage des parents de Zac, présentait le même ciel aussi clair qu'éteint, à la fois lumineux et terriblement obscur. Un ciel intensément paradoxal.

Une dame discrète, économe de ses sourires, vient servir notre repas casher. Elle s'exprime en allemand ; comme toujours dans les maisons des Frank. Que ce soit à New York, Londres, Munich ou Paris.

— Tu sais pourquoi les Allemands ont découvert la réalité de la Shoah avec stupéfaction en 1945 ? me demande Zac tout à trac. Alors que tout le monde dans le Reich était en mesure de la deviner. Oui, quasiment tout le monde !

— Non.

— Sur un point précis, Hitler fonctionnait comme les Jardin : ses secrets, il les montrait à tire-larigot *de manière à ce qu'on ne les voie pas* ! Avec assez de talent pour que personne n'ait l'idée de prendre conscience de ce que chacun savait.

— Où veux-tu en venir ?

— Pourquoi ton Nain Jaune aurait-il été moins frappé de cécité que soixante-dix millions d'Allemands ? En public, Hitler parlait clairement afin qu'on ne le croie pas. Il écrivait son *Mein Kampf* pour ne pas être pris à la lettre et exhibait ses crimes de manière à les dissimuler. Jamais il n'a caché ses intentions exterminatrices, au grand jamais ! Ni à la tribune du Reichstag le 30 janvier 1939 quand il a annoncé en toute clarté qu'une guerre déclenchée par les Juifs leur serait fatale, ni dans ses meetings hystériques ni dans ses écrits prophétiques. Le Zubial faisait de même : que je sache, il n'a jamais dissimulé que le Nain Jaune était directeur de cabinet de Pierre Laval. Il en a même fait un best-seller primé par l'Académie ! En ayant l'astuce de le célébrer au lieu de le justifier…

— Comment fait-on pour cacher un secret publiquement ?

— On le crie. On le hurle. Pour être vraiment discret, il faut être voyant et bruyant. Ça permet à ceux qui ne veulent pas voir de détourner le regard ou de se boucher les oreilles. La crème des tueurs, les as de la non-culpabilité, clament leurs crimes haut et fort pour ne pas être vus !

— Qu'est-ce que tu racontes ? Tout était minutieusement planqué par les nazis. La conférence de Wannsee n'était pas publique que je sache ! Le langage même de la Shoah était crypté. Ils disaient Solution finale au lieu d'extermination, évacuation à la place de déportation, traitement spécial au lieu d'exécution. Les statistiques des massacres étaient camouflées, les tâches criminelles invariablement segmentées…

— Il fallait permettre aux Allemands de regarder ailleurs pour qu'ils ne sachent pas qu'ils savaient. Ce langage crypté relevait du faux-fuyant de confort, je dirais, de l'assistance à peuple au courant mais ne souhaitant pas voir ! Relis la conférence de Lacan sur *La Lettre volée* d'Edgar Poe…

— Et pourquoi les Allemands n'auraient-ils pas souhaité voir ?

— Parce que l'élimination des Juifs fut vécue par leur communauté raciale comme une occasion salvatrice enthousiasmante, voire une opportunité de régénération ; pourvu qu'on leur donne la possibilité de regarder ailleurs ! Et cette fausse dissimulation s'est révélée suffisante pour que l'Aryen moyen, soucieux des nécessités historiques et de l'intérêt général, consente au massacre sans en être exagérément incommodé. Eh bien, je crois que le mécanisme a également fonctionné avec Laval et ton Daddy ! Il n'aimait pas *le Juif* même s'il appréciait certains Juifs de sa caste, n'est-ce pas ?

— Possible.

— Hitler a eu le tact d'aider les vichystes à préserver leur bonne conscience et ça a marché ! En leur procurant des faux-fuyants de confort, des assurances apaisantes auxquelles ils ne pouvaient pas raisonnablement croire mais auxquelles il leur plaisait de croire ! *Afin qu'ils puissent ne pas savoir qu'ils savaient…*

Zac s'arrêta un instant, répéta cette dernière phrase en allemand, reprit son souffle et ajouta :

— Je suis chagriné d'avoir à te dire ces mots-là, très déprimants, mais ils rendent compte du réel, Alexandre. Ton grand-père a agi sous l'empire d'une tout autre morale, nationale, d'une perception de la réalité parfaitement étrangère à notre logiciel mental actuel. C'est avec les ingrédients d'un monde normal, positif et moral que lui et ses vichystes ont contribué à bâtir l'enfer en Europe.

— Ils n'auraient rien vu de la Shoah alors qu'ils en auraient eu les quasi-preuves sous le nez ?

— Oui.

— Ça me paraît un peu gros.

— Quand on désire ne pas voir, on ne peut pas voir. Tu en veux la preuve ? tout de suite ?

— Oui.

— Tu vois ce tableau de Boudin ? me lança Zac en désignant la toile qui écrasait de sa présence leur salle à manger. Cette toile a été offerte par ma grand-mère à mes parents pour leur mariage en 1965, en souvenir de leur rencontre qui a eu lieu sur cette plage, à Trouville-sur-Mer.

— Et alors ?

— Durant vingt années, ni mes parents ni moi ni aucun des Frank n'a vu que cette toile fut volée fin 1941 à une famille juive de Hambourg par ma grand-mère aryenne. Alors que nous sommes tous experts en peinture, de père en fils. Parce que nous ne voulions voir dans ce tableau que le décor émouvant de la rencontre de mes parents ! Pas une seconde nous n'avons accepté de percevoir le réel. Nous, issus – pour partie – d'une famille juive laminée par la Shoah !

— Comment auriez-vous pu le deviner ?

— Ce tableau est le seul, dans nos stocks, dont nous ne possédions pas les titres de vente, le pedigree historique. Et il provenait de ma grand-mère allemande qui prétendait que des amis de Hambourg l'avaient laissé chez elle en dépôt pendant la guerre ; des amis qui ne seraient jamais venus réclamer leur bien par la suite !

— Quand as-tu appris cette histoire ?

— Hier. Ma grand-mère a tout déballé quand on lui a réclamé avec insistance les papiers de ce Boudin, pour mettre nos archives en ordre.

— Ta grand-mère ? ai-je relevé, interloqué. Tu as encore une grand-mère vivante ?

— Née en 1917. Eva vit à Montreux, personne ne la voit jamais. Maman et elle sont fâchées depuis toujours. Lourdement fâchées.

Je n'ai pas eu la présence d'esprit de m'étonner que son père juif – vivant dans des maisons où l'on mangeait casher ! – ait pu épouser une Allemande au passé familial si radioactif. Manifestement, quelque chose clochait. J'ai simplement pensé que ce Boudin splendide avait toujours été pour moi une réminiscence de la Mandragore, pour Zac et ses parents l'écho d'une rencontre amoureuse et pour sa Granny un butin de guerre arraché à des youpins dans une Allemagne pas encore *Judenfrei* (libre de Juifs). Dans les trois cas, les intentions de Boudin avaient été annulées. Personne n'avait aperçu ce que le peintre normand avait effectivement peint ! Le réel n'avait pas compté.

Fallait-il admettre que les familles sont des machines à cacher la vie ? À rendre digeste l'inadmissible ?

# Le réel et nous

30 juillet 1980, le Zubial meurt : je perds l'enchanteur qui me protégeait du réel ; cette réalité qu'il n'aimait pas car il n'en était pas assez l'auteur. Depuis ses neuf ans, mon père avait pris l'habitude de ne pas voir ce qu'il percevait et de raconter autre chose que ce qu'il avait vécu. Son existence s'est bien éteinte en 1942. La mienne connut pareille éclipse fin juillet 1980, lorsqu'il m'abandonna. Cinq jours plus tard, on n'ensevelit pas que mon géniteur dans le cimetière de Vevey, aux côtés des restes du Nain Jaune : on enterra également mon maître en cécité.

Sans répit, j'ai commencé à griffonner dans un cahier ce que je ne savais pas de lui, ce que j'aurais pu ou dû vivre dans son sillage quasi fictif, et autre chose que ce qu'il m'avait dit d'événements qu'il n'avait lui-même pas traversés. Tout de suite, il m'a fallu à toute force reconstituer un réel de substitution, finalement plus réaliste que l'incroyable passé du Nain Jaune. J'ai alors contracté un rire forcé, un optimisme désespéré et la manie, si protectrice, d'affabuler à volonté. Il fallait que notre famille ne fût pas ce qu'elle était. Que la Mandragore restât un haut lieu du bonheur léger, le Nain Jaune un héros romanesque, ma mère une héroïne filmique, le Zubial un trapéziste exempté d'apesanteur. En bon Jardin, j'ai repris à mon compte le pli d'exhiber ce qu'il fallait dissimuler, de montrer la vie pour qu'elle ne soit pas vue.

Adolescent, je devins pire qu'un mythomane ; parfois, un mytho arrête de baliverner, moi presque jamais. Mais en pratiquant un mentir vrai qui criait ce que je n'arrivais pas à murmurer. En toute saison, je me mis à rectifier le réel pour le purger de ses insuffisances. À tartiner du miel sur le pain rassis d'une réalité décevante. Me demandait-on comment allait ma grand-mère ? J'assurais qu'elle ne pouvait s'endormir chaque soir que la fenêtre ouverte, au cas où un cambrioleur affriolant serait venu lui faire l'amour subrepticement pendant son sommeil ; alors qu'elle n'ouvrit sa fenêtre qu'une seule fois dans cette intention sensuelle. Et sans y croire vraiment ; ou seulement pour me faire rire. M'interrogeait-on sur les mœurs épiques des miens ? Je les transformais en grands fouleurs de principes, leur prêtant un abracadabrantesque répertoire sentimental. Ce qui était inexact tout en étant tragiquement vrai. La pratique de la rodomontade m'apaisait. Je m'endettais sans gêne de souvenirs exorbitants, très au-dessus de nos moyens érotiques. Il me fallait dissoudre la réalité pour que le véritable Nain

Jaune n'existât plus. Pour chasser de ma mémoire la petite photographie de Pierre Laval bien en évidence sur son bureau.

Le pire devait être transformé en confettis de fête ; le gaz d'Auschwitz en bulles de champagne ; les étoiles jaunes en accessoires de farces et attrapes.

Dix romans ont suivi : tous disputent au réel le dernier mot.

Tous récusent l'inéluctable avec foi, guerroient contre le déclin – pourtant fatal – des passions, révoquent à grands cris l'effritement du désir. Tous disent non à la tristesse sans fin des jours et insultent les êtres qui pactisent avec la réalité ou osent se démettre de leurs désirs. Tous jouent avec l'idée fallacieuse que je mènerais une existence aussi trépidante que celle de mes héros ; quand ces derniers, pétris de songes, ne se prénomment pas tout simplement Alexandre. Tous mes volumes furent lus par des gens probablement aussi malades du réel que moi ; et ils furent nombreux. Tous donnent à voir un univers qui n'aurait pas été désenchanté par le Nain Jaune, inaccessible aux mauvais sentiments, allégé de la moindre noirceur. Pour faire l'auteur réjoui de *Fanfan*, il fallut la scène du 16 juillet 1942 au deuxième étage de l'hôtel du Parc. Pour donner naissance à mon *Île des Gauchers* – une société à l'envers enfin à l'endroit –, il fut nécessaire que mon grand-père soit plus décisif qu'un Touvier et beaucoup plus central qu'un Papon. Le rose ne peut naître que du noir profond. Tout sourire est une grimace retouchée, une douleur disgraciée.

À présent que je quitte ma condition de faux-monnayeur polygraphe, d'illusionniste espiègle pour oser m'aventurer dans le réel, qui vais-je devenir ? Un type un peu dégoûté par le projet de s'autocréer. Sans doute serai-je moins ce que je raconte. Et plus domicilié dans ma propre peau.

## Nos chers biographes

En janvier 2010 parut une biographie du Zubial [1] ; très documentée m'affirma-t-on. Je n'ai pas pu lire intégralement cet ouvrage qui me met en larmes. Je craignais quelque chose de bien plus terrible que la vérité : qu'un texte supposément objectif soit une fois de plus victime de nos visions contagieuses, intoxiqué par la séduction de nos songes. Et enluminé par nos folies fictives ou approximatives.

Aucun de ceux qui entrèrent dans le sillage enchanté des Jardin – et qui subirent les sortilèges de leur dinguerie – n'en ressortit jamais lucide ; même s'ils en ont l'ambition. Comme s'il n'était pas possible de demeurer intact ou à peu près clairvoyant dès lors que l'on s'amarre à cette étrange tribu qui, depuis 1942, pratique quotidiennement l'illusion comme d'autres se brossent les dents.

---

1. *Pascal Jardin* par Fanny Chèze (Grasset).

Septembre 1986. Une biographie du Nain Jaune paraît à Paris. Dès l'abord, le titre me rassure et me chagrine : *Une éminence grise.* Tout de suite, je flaire que le Zubial a encore gagné la partie en orientant la focale du biographe sur l'après-guerre et non sur les années 1942-1943 ; même si elles sont bien évidemment évoquées. J'ouvre l'ouvrage et tombe sur le premier paragraphe qui me meurtrit par sa gentillesse : « De tous ceux qui, dans la vie politique et économique de la France de ce siècle, ont joué le rôle méconnu parce que discret de conseiller du prince, il [Jean Jardin] est certainement le plus séduisant, le plus attachant, le plus vrai. »

Il reste quelqu'un de très bien ; donc inapte au pire.

Une nausée me gagne. Tout de suite, dès les premières lignes, j'ai senti que l'opération de séduction lancée par le Zubial avec son *Nain Jaune* était en passe de réussir. Cette fois encore, le livre sonnait sincère ; comme l'avait été la publication du *Nain Jaune* par mon papa foutraque. L'immense charme de Jean continuait d'opérer : il n'avait jamais eu le profil de ces collabos aux mots crus et aux trognes de malfrats idéologiques qu'il était facile de condamner. Exquis de finesse, il respirait l'ouverture franche, la probité chrétienne, le courage personnel. Comme si toutes ces qualités éminentes n'avaient pas été nécessaires pour collaborer avec méthode.

Je lus cette biographie d'une traite et en éprouvai alors des sentiments contradictoires : un désespoir doublé d'un profond soulagement. Aux dires d'un amant de ma mère journaliste au *Figaro*, après une telle publication, je pouvais m'engager en politique : ce travail apparemment sérieux – qui offrait plus de garanties que le très impressionniste *Nain Jaune* de papa – déminait mes pas futurs vers le trône. Il garantissait que jamais le nom de Jardin ne serait assimilé dans l'oreille des Français à celui d'un Bousquet. Ouf... J'échappais à l'estampille d'infamie. Mais, par ailleurs, je ressentis une persistante tristesse qui n'a fait que croître : comment ce biographe fin et pénétrant, Pierre Assouline – qui était alors mon ami, comme celui de toute ma famille –, avait-il pu, après tant de recherches obstinées et de recoupements de témoignages, ne pas voir la scène du 16 juillet 1942 à l'hôtel du Parc ? Et ne pas en tirer les conclusions qui tombaient pourtant sous le sens. Certes, il décrivait page après page le travail du directeur de cabinet de Laval, son rôle cardinal et croissant à Vichy, mais sans parvenir à enregistrer l'horreur effective de ce qui fut assumé jour après jour par le Nain Jaune ; par ailleurs si empressé à venir en aide à mille détresses.

Car on peut être un moteur du pire tout en gardant un cœur.

Et demeurer buté sans être un fort en dogmes.

Tout s'était passé comme si la puissance romanesque de mon père avait orienté l'œil du biographe, pourtant prêt à révéler le moindre document douteux ; comme si l'incroyable liberté de pensée de ma grand-mère – totalement hermétique au moindre racisme – l'avait persuadé que cette famille déjantée et très souriante était exempte de ce virus-là ; comme si les archives – très expurgées – du Nain Jaune avaient achevé de le convaincre de sa qualité morale ; comme si l'époque aussi – 1986 n'est pas 2010 – avait contribué à ce qu'il ne voie en cette éminence grise qu'un homme de bien qui se serait égaré en chemin.

J'en suis resté désorienté.

Comment une telle collection de zèbres, si amis avec le farfelu et si chaleureux dans leurs aimables délires, aurait-elle pu abriter une lame froide, un kollabo qui avait évidemment trinqué avec le nazisme et soupé pendant trois ans avec la compromission ? Assouline enquêtait sur le roman noir de la collaboration et il tombait sur le roman des Jardin. Sur un club de grands enfants luisants de rires, rafraîchissants de liberté et débordants de politesse ; pas sur la famille Eichmann.

Quelque temps après la publication, je me trouvais avec Pierre Assouline et une poignée de Jardin sur le lac Léman. À bord d'une barque motorisée, nous tirions une planche de bois sur laquelle les miens s'exerçaient à des acrobaties nautiques. Je me suis alors tourné vers Assouline et lui ai lancé :

— Je ne comprends pas pourquoi dans ton livre tu ne parles pas de l'antisémitisme de grand-père.

Je n'en revenais pas que ce très perspicace intellectuel, tout de même juif et parfois très questionné par le judaïsme, n'ait pas été plus attentif à ce « détail ». Aussitôt, avant même qu'il ait pu formuler une réponse, l'un de mes oncles – un héritier parfait – interrompit mon questionnement en déclarant que j'avais perdu la tête et que jamais, au grand jamais, le Nain Jaune n'avait été antisémite. Il fallait que cette question ne fût pas soulevée devant un tiers. Comme si elle était importante ; comme si les éventuels bons sentiments du Nain Jaune à l'égard de la communauté juive de France eussent en quoi que ce soit amoindri les effets criminels de ses agissements politiques et de ses complicités objectives.

Je n'ai pas osé hurler.

Ni rappeler que la dénégation de l'antisémitisme, véritable antienne des justifications des persécuteurs, prouvait paradoxalement l'impact des émois racistes qui animèrent les tueurs de bureau. Ceux dont les tâches parcellisées et distanciées n'avaient pas l'odeur des cendres polonaises.

Peu de temps après, j'ai offert cette biographie mystérieuse à mon ami Zac, qui eut ces mots très éclairants :

— Tu connais Albert Speer ?

— Non.

— Ce garçon très cultivé a été l'architecte d'Hitler et l'inventeur de l'esthétique nazie, lors des congrès de Nuremberg ; puis le génial ministre de l'Armement du Reich à partir de 1942. Speer avait, de fait, la haute main sur l'univers concentrationnaire très intégré à la machine de guerre allemande ; mais au procès de Nuremberg, il a été beaucoup plus intelligent que les autres. Les Alliés l'ont perçu comme le seul homme sain d'esprit parmi les nazis, capable de regrets émouvants (sans rien renier bien sûr). Comme Speer avait l'air de tout sauf d'un monstre, tout le monde a eu envie de croire qu'il ne savait rien. Et il a sauvé sa tête ! Lorsqu'il est sorti de la prison de Spandau en 1966, Speer a joué en Allemagne le rôle du type réglo qui avait été abusé par une situation inextricable, de l'honnête homme resté propre malgré les circonstances. Ce rôle-là apaise toujours les honnêtes gens. Eh bien, après avoir lu cette biographie, je crois que les Français regardent ton Nain Jaune comme une sorte d'Albert Speer tricolore ! Même si leurs fonctions n'eurent pas le même périmètre…

— Que veux-tu dire ?

— Les hommes aiment croire en l'innocence des gars sympathiques, et en la culpabilité des salauds. Ça rassure ! Alors que Speer et Jardin ont peut-être été les plus dangereux de leur camp.

— Pourquoi ça ?

— L'un et l'autre, au cœur même de la décision, ont été capables de donner leur assentiment tacite à un racisme d'État et à des meurtres massifs en se persuadant que ces choses-là ne les concernaient pas tant qu'ils n'y participaient pas personnellement. Ils étaient redoutables car ils avaient l'air de tout sauf de racailles politiques : très intelligents, imposants, non dogmatiques, prétendument apolitiques, indifférents à l'idéologie, allant même jusqu'à qualifier de « sornettes » devant Hitler, ou Laval, la vision du monde de leur régime, prétendant défendre une cause supérieure indépendante des intérêts partisans, cultivés. Difficile de les confondre avec la pègre criminelle qui les entourait. Impossible de ne pas succomber à leur charme, à leur liberté de ton… Même leurs biographes, pourtant avertis, se sont laissé séduire !

## De belles relations

Convoquons un peu les personnages de ce bal macabre – où toutes les droites furent invitées – en dressant la liste des gens très bien qui fréquentèrent ma famille avant, pendant et après la guerre. Et voyons ce que dit, murmure ou crie ce Bottin mondain d'une France évanouie, et brillante, qui pratiquait la haine du nombre et eut l'impudence, sinon la fierté, de ne jamais voter. Mais qui, dans ses erreurs tragiques, fonctionnait tout de même à autre chose qu'à notre culte de l'argent roi.

Raymond Abellio : son compte est déjà bon…

Coco Chanel : un sourire qui ne sait pas rire, du génie d'aiguille et de ciseaux mais une solide propension à faire la claque dans les soirées du Tout-Vichy. Elle surgit à répétition dans les souvenirs de mon clan, au bras d'une flopée d'antisémites talentueux. Sans avoir le mauvais goût d'en être indisposée… Ma grand-mère l'appelait Coco. Son ultime biographie[1] nous la révèle plus fripouille

---

1. *Sleeping with the Enemy: Coco Chanel's Secret War*, de Hal Vaughan (Random House).

qu'il n'y paraissait : agent de renseignements de l'Abwehr, les services de l'état-major allemand, collègue en quelque sorte du souriant Soko qui, lui, préférait rendre compte boulevard Flandrin. Sokolowsky trinqua-t-il chez nous avec la plus élégante des espions nazis ?

Gustave Thibon : philosophe-paysan révéré par les Jardin, bien qu'il éructât contre toute forme de démocratie. Catholique émérite, en proie à une effrayante érudition d'autodidacte, il est de ces vieux sages qui, en 1942-1943, eurent pour fan le Maréchal et ses Pétain's boys. Au point qu'il passa, sans doute un peu rapidement, pour une sorte d'idéologue bourru de la Révolution nationale si friande de « retour au réel ». Une revue jésuite qui paraissait en zone libre le qualifiait cependant de « penseur accrédité de la défaite » tandis que le vieux Maurras [1] lui décernait le titre de « jeune soleil ». Souvent, ses petites phrases disent de grandes choses. Parfois, elles m'écœurent.

Couve de Murville : intéressant profil… Ancien ministre des Affaires étrangères puis Premier ministre de Charles de Gaulle. Ce gaulliste de haut pedigree eut toutefois la particularité de servir

---

1. Oracle catholique du nationalisme intellectuel virulent. Antisémite assumé. Son quotidien, *L'Action française*, irrigua et draina tout le patriotisme inquiet du « délabrement de la population, supposément anémiée par l'athéisme, affaiblie par la dénatalité, corrompue moralement et désaccordée *par l'afflux des allogènes*… ».

Vichy avec zèle – au ministère des Finances, haut lieu de la répression raciale, où il fut notamment en charge de certains dossiers d'aryanisation de l'économie – jusqu'en mars 1943. Autant dire que ce protestant fort digne – caution idéale de Jean Jardin – ne jugea pas utile de rougir lorsque commença la grande saison des rafles ni de tousser quand on se mit à coudre des étoiles jaunes sur une autre minorité que la sienne ; en tout cas pas au point de prendre le maquis puisque, comme le disait le Général, il passa « les Pyrénées en sleeping » avec un sauf-conduit vichyste (procuré par Jean Jardin). Son gaullisme tardif mais visible et de bon aloi – bien qu'il fût d'abord giraudiste – servit d'alibi solide à la famille, qui se garda bien de s'étendre sur son vagabondage idéologique. Et qui ne remarqua jamais que jusqu'en mars 1943 Couve avait la haute main sur les relations financières entre l'État français et le Reich ; autant dire que peu de choses lui échappèrent. Ses liens avec le Nain Jaune furent constants et étroits : ils se voyaient tous les jeudis quand Couve peaufinait la diplomatie gaullienne.

Robert Aron : essayiste assez périmé mais longtemps respecté, auteur d'essais politiques et d'ouvrages sur Vichy qui le situent – on l'aura deviné – aux antipodes d'un Robert Paxton, l'historien américain qui, le premier, mit en 1972 en relief la participation du gouvernement français à la Shoah. Juif paradoxal, caché par le Nain Jaune chez les Jardin, à deux pas de Vichy, Aron passe pour un chantre de la théorie tout de même assez délirante du glaive (de Gaulle) et du bouclier (Pétain). Il développa avec talent la thèse hautement pittoresque du double jeu de Vichy, régime conduit, selon lui, par des gens honorables menant une semi-résistance de fait. De quasi-Justes ! Version hélas très écornée par l'ouverture tardive des archives allemandes... Que d'illusions aroniennes furent alors détruites ! L'homme est connu pour avoir relativisé les méfaits de ce régime « intéressant » et souligné le rôle protecteur du bon Maréchal assisté dans son magistère par d'impeccables excellences vichystes. On comprend pourquoi... Dans son premier ouvrage, le Zubial raconte une scène rocambolesque où Aron, en cavale, déboule du grenier des Jardin – où il est planqué – et tombe nez à nez, dans le salon de ma grand-mère, avec Krug von Nidda, le représentant d'Hitler auprès de Pétain. Ah, ce qu'on s'amusait en 1942 !

Paul Morand et sa femme Hélène : deux champions du mépris social et racial dont un génie des lettres françaises. Féru de modernité, il écrit avec l'autorité des classiques et les souplesses d'un joueur de badminton ; même s'il y a toujours au bout des phrases ramassées et magnétiques de Morand un visage laid. Très distingué, leur antisémitisme – encore plus abrupt chez Hélène Morand, quasi nazie – ne troubla jamais le Nain Jaune qui entretint avec le couple les plus exquises relations... jusqu'à ce que l'écrivain apprécie d'un peu trop près la sensualité de ma grand-mère ; ce qui, soudainement, altéra les sentiments du Nain Jaune plus sûrement que les propos infects du grand styliste. Cette tendresse de rattrapage le scandalisa. Parrain de l'un de mes oncles dont il fit d'ailleurs son héritier, Paul Morand reste l'un des soleils du Zubial qui, un jour, lui vola son passeport constellé de visas. Je l'ai encore. C'est lui, l'excellent Morand, qui signa cette phrase particulièrement répugnante : « Le mot juif, prononcé par quelqu'un qui ne l'est pas, est déjà de l'antisémitisme » (in *Journal inutile*, 6 octobre 1971) ; comme si cet académicien fraîchement élu ignorait que l'épithète juif n'est pas une injure...

Jean Giraudoux : poète fabuleux, ami de la famille, idole des Jardin, dramaturge de ses propres fourvoiements. Habité par un racisme prodigieusement banal en 1940, il défendit l'avènement d'une « politique raciale » et d'un « ministère de la Race » ; mais sans fiel, en y mettant des formes charmantes et gracieuses. En se contentant de qualifier d'*invasions barbares* les vagues migratoires composées, selon lui, « de races primitives ou imperméables, dont les civilisations, par leur médiocrité ou leur caractère exclusif, ne peuvent donner que des amalgames lamentables... L'Arabe pullule à Grenelle et à Pantin ». Poétique, n'est-ce pas ? À Vichy, il rôdait sans cesse chez les Jardin en promenant sa culture et ses bons mots touchants... Mais, malgré ses écarts, Giraudoux n'a pas l'âme d'un législateur du bon goût.

Jacques Benoist-Méchin : intellectuel de haute volée, historien enthousiasmant, homme politique réfrigérant. Il fut l'un des vrais ultra-collabos qui, ivres de folles opinions, militèrent pour associer la France à la direction de l'Europe passée sous pavillon hitlérien ; sans voir une seconde que la nervosité et la fébrilité françaises allaient être dupées. Mon père en garde un souvenir ému dans *La Guerre à neuf ans*, son premier livre. Condamné à mort en 1947, Benoist-Méchin a vu sa peine commuée en vingt ans de travaux forcés. Un type tout à fait recommandable.

Emmanuel Berl : enfin un vrai Juif, enseveli sous sa culture méditée ! Une plume en liberté qui ne s'accommode d'aucune idéologie ! Un humour gambadant ! Ses propos cuvés tiennent de plus près à la pensée qu'à la parole. Hélas, cette merveille d'homme ne trouva rien de plus malin que d'écrire les formules oratoires les plus marquantes du maréchal Pétain, celles qui bloquèrent la réflexion d'un peuple stupéfait et qui résonnent encore dans la mémoire française. « La terre, elle, ne ment pas », c'est de lui, de son encre.

Bertrand de Jouvenel : écrivain parfois, économiste souvent, journaliste improvisé qui interviewa Hitler en 1936 et en ressortit ébloui. Bien que demi-juif, ce dandy qui buvait l'amour à belles goulées (notamment dans les yeux de l'écrivain Colette, maîtresse de son papa) milita avant-guerre pour le rapprochement franco-allemand. Il créa notamment le « Cercle du grand pavois », une sympathique association de soutien au Comité France-Allemagne (celle du Führer). Très déprimé par le Front populaire, Jouvenel fonça s'enrôler dans l'un de nos rares partis clairement fascistes – le Parti populaire français de Jacques Doriot –, jugea opportun de faire l'éloge du bon fascisme dans l'organe de presse officiel de cette phalange gueularde (*L'Émancipation nationale*, un étendard de l'humanisme…) ; puis, après quelques circonvolutions vichystes, devint un convive assidu des Jardin. Papa en raffolait.

Soko, que nous connaissons déjà : unique communiste apparent de cette camarilla mais… intime de Pierre Laval, en un temps où ce dernier les remettait volontiers à l'occupant ! Parleur invétéré, ce bolchevik-nazillon-vichysto-salonard entretenait ses interlocuteurs de ce qu'il savait et non de ce qu'il pensait. Probablement parce qu'il ne le sut jamais lui-même.

René Bousquet : « très beau » aux dires de mon père qui, dans un passage assez gênant de *La Guerre à neuf ans*, ne trouve pas d'autre épithète pour décrire le secrétaire général de la police de Vichy en train de bavasser en 1942 avec le Nain Jaune à leur domicile de Charmeil. Pas un instant, en 1971, il ne vient à l'esprit du Zubial – pourtant révulsé par le racisme – que le patron de la police était peut-être pour quelque chose dans l'organisation de la rafle du Vél d'Hiv…

Faut-il continuer ?

## Le Nain Jaune était-il antisémite ?

Que le directeur de cabinet de Pierre Laval ait éprouvé, ou non, une forme de sentimentalisme pour les Juifs ne dut guère passionner ceux qui furent déclassés par les lois scélérates de Vichy, spoliés puis contraints de coudre des étoiles jaunes sur les vêtements de leurs enfants ; et encore moins les familles débusquées par la police du « très beau » Bousquet.

Seuls les crimes perpétrés comptent en définitive.

De même, en allant au pire, on se fiche bien de savoir si Rudolf Hoess, le commandant d'Auschwitz, haïssait ou non personnellement les Juifs (il prétend le contraire dans ses mémoires, tout comme Eichmann d'ailleurs).

Néanmoins, je me suis posé cette question à l'envers : comment le Nain Jaune aurait-il pu ne pas être antisémite ? À un moment de l'Histoire où cet adjectif condiment – inavalable pour nous – restait, notamment lorsqu'il assaisonnait une injure, dans les normes admises par l'époque ; quasiment intégré au caquet journalistique et au babil radiophonique qui déversait sa tourbe quotidienne. En un temps où la gauche ne s'indignait de cette hargne tapageuse que parce qu'elle était porteuse d'un fort relent antirépublicain ; et où, ne l'oublions pas, l'esprit public était à la vindicte, au quolibet liquidateur.

Et puis, soyons sérieux. Vous vous voyez, vous, diriger le cabinet de Pierre Laval à partir de mai 1942 sans éprouver d'instinct un minimum de défiance à l'égard du monde juif ? et trinquer sans malaise avec du casseur de Juifs désinhibé, du chasseur d'enfants ? Sans adhérer implicitement à ce préjugé, comment servir loyalement un homme dont la politique raciale – d'inspiration chrétienne et nationale qui ne devait hélas pas grand-chose à l'occupant, au dire même de Xavier Vallat – resserrait chaque jour le filet autour de ces citoyens déclassés [1], listés et marqués ? Un humaniste sincère aurait-il pu ne pas claquer la porte le matin de la rafle du Vél d'Hiv ? Vous vous imaginez, vous, débouler au bureau le matin et croiser courtoisement l'un de vos collègues, Darquier de Pellepoix, successeur de Xavier Vallat au CGQJ (Commissariat général aux questions juives) ? Un petit café, Darquier, avec ou sans sucre ? Inséré dans un monde globalement

---

1. À cet égard, l'original du texte du premier statut des Juifs, annoté et durci par Pétain (révélé par Serge Klarsfeld le 3 octobre 2010) fait voler en éclats le mythe du soi-disant « bon Maréchal protecteur des Juifs » et indique clairement le haut niveau d'antisémitisme qui animait le chef de l'État français.

antisémite, le Nain Jaune en partageait l'esprit ; et eût même jugé malséant de s'indigner trop véhémentement du sort que sa police réservait aux enfants d'Israël.

Comment ma famille a-t-elle pu s'abuser elle-même pendant aussi longtemps ? et nous transmettre une version aussi édulcorée des a priori malodorants qui animaient cet homme de 1942 ?

La brutalité des évidences éblouissait nos pupilles ébaubies.

Bien sûr, le racisme atavique – mais sans virulence aucune – de Jean fut plus subtil que celui de sa sœur par exemple, une Normande étrécie restée toujours très tripale dans ses saillies antijuives ; au point d'affoler certains de ses petits-enfants. Ce qui en dit long sur leurs origines communes… Bien sûr, le Nain Jaune de 1942 n'était pas un tueur de Juifs dominé par une pensée assassine totalitaire. Cet homme de grande classe sut même, je l'imagine, se montrer d'une suprême élégance dans sa manière d'être non pas hostile aux *Israélites*, comme il disait devant ses amis juifs qu'il ne voulait pas froisser, mais discrètement rétif à leur influence supposée, inquiet de la place sans doute excessive que *ces gens* avaient eue dans la République défaite, probablement assez humaniste pour ne pas souhaiter leur extirpation totale de la nation mais tout de même assez patriote pour désirer qu'on les distingue nettement des *vrais Français*, et qu'on les écarte des grands leviers ; voire, pourquoi pas, qu'on se résigne à un moment ou à un autre à leur départ du territoire national. Sauf, bien sûr, les *bons Juifs* ; ceux qui avaient su racheter leurs origines par d'éminentes qualités, ceux qui, proches de ses références, ne symbolisaient pas une zone détestée de son âme. Ses amis personnels en somme, ces esprits fins et clairs qui voyageaient avec des valises emplies de romans de la NRF et qui partageaient avec lui les mêmes plaisirs subtils ; bref, ceux qui ne ressemblaient pas à ces Levantins prétendument couverts de châles de prière et supposés grouiller dans les quartiers plébéiens en jacassant le yiddish. Le légalisme antisémite n'était-il pas, après tout, quelque chose de souhaitable, de clarificateur ? À condition, bien entendu, de faire les choses de manière chrétienne… La charité au secours de l'ignoble !

Il faut dire aussi que l'époque ne se prêtait pas à une excessive compassion envers le judaïsme. Aux États-Unis mêmes, patrie des gentils sauveurs de 1945, le patron du FBI J. Edgar Hoover passait ses vacances pendant la guerre à Miami Beach, dans un hôtel où l'on pouvait lire sur la porte « Ni chiens ni Juifs » ; puis, quand le panneau fut jeté aux orties, Hoover changea d'adresse pour fréquenter l'hôtel Del Charro à La Jolla (Californie) qui avait eu le bon goût de rester *Judenfrei*, libre de Juifs. Non infecté par cette engeance qu'il tenait pour une bande de va-t-en-guerre toqués de bellicisme contre ce brave Hitler, si décent ; au point que Hoover, comme l'Amérique d'alors, se félicitait que la politique d'immigration du Département d'État de Roosevelt restât déterminée à maintenir, au moins partiellement, les Juifs – « tous des communistes » – en dehors du pays. Afin que leurs pleurnicheries sur la prétendue dureté nazie restassent éloignées des oreilles des honnêtes Américains.

En Europe aussi, ces gens-là se croyaient seuls à souffrir, devait bien penser le Nain Jaune, comme ses petits camarades du gouvernement. Alors que tant d'autres Français étaient à la peine ma bonne dame ! Fallait-il octroyer aux Juifs une *protection spéciale*, alors que bon nombre des représentants de ce peuple déicide étaient si fraîchement naturalisés ? Ou carrément Rouges. Et puis n'en était-on pas arrivé là, à cet effondrement moral et militaire, un peu à cause des Juifs ? Depuis l'annexion de l'Autriche par Hitler – qui avait provoqué un afflux d'immigration sémite issue du Yiddishland –, les Juifs même bien français n'avaient-ils pas sournoisement poussé à la guerre pour venir en aide à leurs coreligionnaires des territoires germaniques si inquiétés par Hitler ? Pacifiste et munichois dans l'âme, le Nain Jaune ne pouvait s'empêcher de le croire ; comme à peu près tout Vichy, à l'unisson de la classe politique européenne. Et puis, le catholicisme – qui fondait la morale et l'orgueil religieux du Nain Jaune – n'avait-il pas un droit de prééminence dans notre vie nationale ? Droit qui supposait implicitement d'atténuer la place des autres religions. Surtout à l'heure du réveil de « la vraie France » où l'antisémitisme avait fait racine dans nos terroirs

jusqu'à prendre la force et l'ampleur d'une émouvante tradition…

En ce sinistre printemps 1942, Jean ne pouvait
pas ne pas être irradié par l'antisémitisme catholique
endémique qui portait les gens très bien à penser
que le mot *Juif* désignait une sorte de fléau national,
quelque chose de pas très propre et d'un peu inquiétant. Ces gens-là, surtout en cette saison de grandes
rafles, lui apparaissaient sans doute, ainsi qu'à
l'essentiel de nos élites, comme des entités diffé-
rentes des peuples normaux, secrètement soudés,
potentiellement néfastes, prenant en douce empire
sur les honnêtes chrétiens et, pour tout dire, vaguement séparés de l'humanité. Pas des lapins, évidemment, mais quelque chose de troublant. Au point
que le Nain Jaune et ses amis se reconnaissaient le
droit moral de se défier de leur influence supposée.
Et comme l'occupant si correct avait l'air très dési-
reux de se charger gratuitement de leur cas – en
assurant lui-même leur évacuation et en rembour-
sant les chemins de fer français pour le transport des
déportés jusqu'à la frontière allemande –, pourquoi
s'inquiéter outre mesure de la destination réelle des
trains ? Pourquoi aurait-il vu lucidement le destin
d'un peuple que de toute façon il n'aimait pas voir ?
Naturellement, le Nain Jaune ne croyait pas les Allemands lorsqu'ils évoquaient une réinstallation des
Juifs à l'Est, mais il désira longtemps les croire ; ce
qui, dans la débandade des temps et au milieu des
tractations ardues avec les nazis, se révéla provisoirement suffisant pour sa conscience. Pourquoi, au

milieu de tant de malheurs français, aurait-il eu envie d'écouter les prophètes de malheur ? En une heure où, ne l'oublions pas, c'était la trouille qui gouvernait.

Tout cela, je l'ai longtemps subodoré, puis étayé à force de lectures, sans oser le dire clairement aux miens.

Souhaitaient-ils l'entendre ? et convoquer les faits ?

Les Jardin ne préféraient-ils pas plutôt s'indigner, comme tout un chacun, lorsque surgissait une affaire plaçant sur la sellette l'un de ces collabos si peu télégéniques ? Un Bousquet sarcastique, un Papon sur qui vriller l'ire populaire. Ces canailles retranchées dans leur orgueil patriotard donnaient alors le sentiment que l'aimable Nain Jaune, lui, n'avait rien à voir avec le film odieux de ces années criminelles. Ils avaient l'air de mufles imbus de mépris, mon grandpère d'un homme de cœur. De doublures de gangsters, le Nain Jaune d'un totem. Des mouvements brusques jaillissaient de leurs poings ; des gestes de la plus pure distinction sortaient des manches bien coupées de Jean. C'est si apaisant de disposer d'un repoussoir placé à l'avant-scène de l'actualité… Et comme l'emporte-pièce médiatique ne regardait pas à côté, préférant l'ivresse du mimétisme gueulard à la curiosité, nous restions bien au chaud.

Loin du banc d'infamie.

## Bousquet, Mitterrand et nous

1991. La main gantée de Zac me tend un quotidien du soir : René Bousquet – qui disposait d'une délégation permanente de signature de Pierre Laval – est inculpé de crime contre l'humanité. L'avocat Serge Klarsfeld n'a pas démordu du dossier qui, désormais, squatte l'actualité. Sans doute n'imagine-t-il pas à quel point certains descendants de collabos comptent sur lui. Un crime contre l'humanité frappe, par nature, à la porte de toutes les consciences ; pas à celles des seuls Juifs. Je relis l'article et songe aussitôt : si le Nain Jaune n'avait pas eu l'intelligence de mourir en 1976, sans doute n'y aurait-il pas coupé. Directeur de cabinet de Pierre Laval… un jour ou l'autre, sa très singulière immunité se serait dissoute ; même s'il était meilleur stratège que les autres, plus finaud pour se procurer des indulgences françaises. Les grandes bottes secrètes ont leurs limites.

Nous allumons la télévision. Aux informations, Klarsfeld déclare que l'événement est capital :

pour la première fois, on va juger un dirigeant de Vichy, juché au cœur du régime, alors que Maurice Papon n'était qu'un relais régional qui avait d'ailleurs abusé de Gaulle lui-même. Devant l'écran, je pense si fort « Et le Nain Jaune ? » que Zac me lance, le regard en coin :

— Tu veux appeler Klarsfeld ?

— Trop tard… ai-je murmuré lâchement.

Tout à coup j'ai la trouille d'être souillé.

Mais je prends également conscience, par cette seule réponse chuchotée, que j'ai définitivement basculé de l'autre côté. J'en suis à considérer que la date de péremption des poursuites judiciaires contre mon aïeul est désormais passée ; mais le principe de son jugement ne m'effraie plus. La trahison de mon lignage est consommée. Je ne pourrai plus éternellement psalmodier mon amour des Jardin. Même si je suis encore incapable de l'assumer ouvertement et que mes arrêts intimes restent clandestins.

Lorsque Bousquet sera abattu sèchement par un illuminé, en juin 1993, je me retrouverai dans la peau de ceux qui déploreront la non-tenue du procès de Vichy. Celui du Nain Jaune donc.

Un an plus tard, Pierre Péan lève le voile du passé vichyste de François Mitterrand en sortant son livre à fort effet de souffle : *Une jeunesse française* ; et le vieux président, acculé dans un entretien télévisé musclé, se rebiffe face aux Français : il reconnaît son amitié indéfectible pour René Bousquet.

Un monde s'effondre : l'homme de gauche qui, dans la postface de *La Bête à Bon Dieu*, avait en quelque sorte cautionné le personnage du Nain Jaune, se révèle donc avoir été… un vichyste *light* ! Décoré tout de même par la main du Maréchal et resté proche de Bousquet. Assez intime avec l'organisateur de la rafle du Vél d'Hiv pour ripailler ensemble chez lui, à Latche. À chaque instant, tandis que brûle cette affaire qui agite les gazettes, je crains qu'un journaliste ressorte sur la place médiatique la postface croquignolette de François Mitterrand sur Jean Jardin qui ne comporte pas un mot de condamnation, ou même de réserve. Au fond, je ne suis pas encore prêt à encaisser publiquement une honte pareille ; à souffrir que le nom des Jardin soit accolé à celui d'un Bousquet ou de tout autre assassin ganté.

Angoissé, un soir, je me repasse – seul, à l'insu de mes proches qui ignorent encore ma vie clandestine – la cassette vidéo d'une émission de télévision diffusée sur Antenne 2 en février 1979, « L'invité du jeudi ». Anne Sinclair y reçoit l'auteur du Nain Jaune, bombé de joie et d'insolences, qui y rencontre en direct… François Mitterrand. D'emblée, papa caracole flamberge au vent et les naseaux fumants. Plein cadre, il lance au premier secrétaire du Parti socialiste poudré de culture :

— Auriez-vous été gêné d'écrire un livre, comme moi, sur un homme dont l'action politique est condamnée et sans doute condamnable ?

Et le vichysto-résistant devenu patron de la gauche unie de répondre, sans faire la fine bouche :

— Si j'avais décidé d'en traiter, j'en aurais traité. Je n'aurais pas trouvé cela condamnable. Le Nain Jaune est un personnage mêlé à la collaboration. Ce collaborateur direct de Laval quitte la France pour être à l'abri de l'épuration. Il n'en est pas moins resté l'ami d'une série de gens, secourable pour eux et détaché de beaucoup de choses. Il n'est pas un homme politique très engagé. Je vois chez lui une grande part de jeu, de passion, de plaisir de vivre, le goût du commandement. Il se trouve aujourd'hui un peu hors-la-loi littéraire : vous l'en avez sorti. Un peu hors-la-loi politique : il en a été écarté. Si mon père avait été le vôtre, je crois que je l'aurais écrit, avec les pudeurs, les retraits, le respect humain. Je crois que je suis libre autant qu'on puisse l'être.

Que dit Mitterrand au Zubial à sa façon biaisée ?

Que le Nain Jaune n'est pas une canaille et qu'il n'a pas à en rougir ; que chaque Français doit faire la paix avec ses parents.

Et papa de rosir jusqu'aux oreilles.

Et moi de pâlir d'écœurement.

## Comment le Nain Jaune s'en est-il sorti ?

Difficile de répondre sans désenchanter notre rieuse saga.

Et sans montrer, hélas, l'envers de nos chimères.

Tous les éléments du puzzle furent si jardinisés – entendez romancés à l'excès, de manière à devenir des épisodes souriants de notre épopée – qu'il m'a fallu des années pour décaper la légende. À laquelle j'avais moi-même contribué…

Contrairement à ce qu'affirmait François Mitterrand, le Nain Jaune ne s'était pas carapaté de France à la Libération pour échapper aux passions peu regardantes de l'épuration ; puisqu'il se trouvait déjà en Suisse depuis le 30 octobre 1943, en tant qu'envoyé très spécial de Laval. Afin de préparer l'après-guerre, croyait-il, en négociant à Berne et de manière occulte avec toutes les puissances de l'après-conflit. Et non (seulement) pour quitter le radeau de Vichy sous la menace d'une Gestapo vengeresse, en quelque sorte escorté par la Résistance (!) ; comme le veut le séduisant roman familial qui ne s'embarrassa jamais de rechercher des preuves. Ni de s'aviser qu'un adversaire de la Gestapo n'était pas forcément un gentil… si l'on veut bien se souvenir que les loups de cette époque noire se mangeaient volontiers entre eux. Mais il est exact que le Nain Jaune, tout de même prudent, demeura tapi sur la Riviera vaudoise jusqu'en 1947. En ignorant même certains appels du pied de Georges Bidault. Puis, lors de ses séjours furtifs à Paris, notre prestidigitateur familial ondoya dans les allées du pouvoir tout neuf avec discrétion, en homme du monde qui sut apprivoiser ses adversaires d'hier à qui, parfois, il avait rendu *des services*. Et en tutoyant de nouveau les vichystes recyclés au sommet de la IVe République. Le temps, notamment, que la Haute Cour de Justice (celle qui eut l'honneur insigne de blanchir René Bousquet) fût purgée de ses communistes acharnés à épurer et de ses accusateurs trop vétilleux. Après avoir trébuché dans la haute collaboration d'État, il fallait gagner quelques années ; assez pour que le « grand arrangement » tacite entre les élites françaises de l'après-guerre instaure sa routine ; dans un contexte de guerre froide aiguë qui explique bien des yeux fermés. Puis que de Gaulle et Pompidou à son tour sacrifient au culte de la réconciliation des deux France. Une manière de couvrir l'omerta des costauds de la République qui, pour beaucoup, avaient respiré l'air de l'hôtel du Parc.

Les Jardin – toujours enfantins et raffolant des fables – se racontèrent que le Nain Jaune, très épris de confort, avait après-guerre pris ses quartiers parisiens dans un palace situé à un jet de pierre de l'Arc de Triomphe : l'hôtel Lapérouse. Établissement chic un peu fané censé avoir été périodiquement renfloué par le Nain Jaune qui, en homme féru d'habitudes, n'aurait jamais supporté l'idée d'un déménagement hâtif. Comme si l'on s'installait dans une chambre d'hôtel pendant près d'un quart de siècle par pure passion pour les palaces…

La vérité est moins romanesque.

Très circonspect, Jean ne posséda plus jamais de domicile officiel sur le territoire national. Se faufiler en Argentine ou se terrer durablement en Suisse eût été se désigner comme l'un des pivots de la collaboration. Se montrer d'une certaine façon, dans les coulisses feutrées du nouveau pouvoir, c'était se rendre invisible. Quand on veut échapper à un cyclone meurtrier, on se place dans son œil.

Et comme il était assez fort, c'est ce qu'il fit avec une adresse incroyable ; et une ubiquité dont il avait le secret.

En devenant l'intime d'Antoine Pinay (le père du nouveau franc), le financier invisible d'un projet de grand quotidien censé torpiller *Le Monde* après-guerre, le conseiller très discret et assidu de Couve de Murville (ministre des Affaires étrangères puis Premier ministre de Charles de Gaulle, toujours fourré chez nous), l'âme active et insinuante du gaullisme triomphant et d'à peu près toute la classe vraiment dirigeante de ce pays. Puis, afin que la coupe soit pleine, le Nain Jaune – qui avait appris son métier noir à Vichy – se hissa au rang de financier occulte des partis politiques français à qui il redistribuait, dans sa suite de l'hôtel Lapérouse, les valises de billets de banque collectées par le haut patronat ; jusqu'en 1976, année où il tira sa révérence.

Son code génétique était l'habileté.

Et puis, l'improbable Nain Jaune n'avait pas subitement démissionné de son désir de puissance ; ou renoncé à sa frénésie de l'intrigue.

Qui en France aurait pu atteindre un tel homme qui prenait autant de garanties auprès des vizirs du jour afin d'assurer sa propre sécurité ? Quel blindage ! Dans ces conditions, difficile de venir chipoter ses années officielles. Les politiciens du moment recyclaient cet homme au pedigree très chargé – *a priori* irrecyclable – car ils avaient besoin des compétences crapoteuses de ce genre d'individu qui, aujourd'hui, aurait évidemment dû rendre compte d'une manière ou d'une autre.

Mais mon père, lui, y voyait du roman, de la gloire occulte, comme un parfum d'aventure civique, une manière grandiose de veiller en sous-main aux intérêts supérieurs de la nation… Romancier, il romançait, sans craindre de voir du Richelieu dans son cas. Fallait-il qu'il l'aimât désespérément pour débloquer à ce point, pour prêter du brio à ces basses œuvres de la vie partisane ? Et faire de lui un éternel fantassin du bien ou de la vertu publique.

Le plus fou dans cette histoire c'est que lorsque – vers la fin des années quatre-vingt – j'ai commencé à demander innocemment à Zouzou les détails des

mœurs financières de notre République d'alors, elle
me les raconta avec une naïveté complète ; sans imaginer une seule seconde que, plus tard, entre l'écriture de deux romans d'amour, je finirais par y
déceler l'habileté d'un homme tout en prudences,
éternellement prêt à s'éclipser du territoire, qui
s'était assuré assez d'amitiés dans Paris pour parer
d'éventuels mauvais coups.

Je voyageais le jour dans ma littérature joyeuse
(qui me fait tant de bien) ; et la nuit dans les bas-
fonds politiques amers, comme je l'ai déjà dit, en
compilant une abondante documentation. Et en ne
cessant de musarder, de collecter mille indices. En
acceptant même des déjeuners avec d'anciennes
relations troubles du Nain Jaune, intriguées de trinquer avec le jeune écrivain que j'étais devenu. Qui
pouvait alors imaginer que l'auteur de *Fanfan*, gavé
de beaux sentiments, enquêtait ainsi sur le mal ? Je
rencontrais des politiques pansus qui, à quelques
exceptions près, avaient de foutues gueules de
gangsters de cinéma. Notamment un certain D., une
huile du Sénat aux bouffissures dignes d'un
bouddha, qui me parut expert dans l'art de rentabi-
liser un mandat. Il me raconta en riant, ce replet
renard, ses opérations financières conjointes avec le
Nain Jaune, juste après la guerre, quand l'Europe
crevait de faim et que la spéculation sur les denrées
alimentaires vitales assurait des coups mirobolants.
Notamment une affaire sucrière qui, me confia-t-il
sur un ton patelin (en tant que Jardin j'étais de la
famille, on pouvait se déboutonner), *modifia*

*substantiellement   leur   situation   patrimoniale*, comme me le déclara cet ogre du suffrage universel indirect à une table d'un restaurant chic du bas des Champs-Élysées. Tant que la cupidité reste légale…

Mon aïeul trempait donc dans le grand mais très élégant gangstérisme de la République ; et, après avoir collaboré avec Hitler, collaborait avec les spéculateurs qui profitèrent avec maestria des années maigres de l'immédiat après-guerre. Curieux ce qu'un homme bien aux abois, et serré de près par la nécessité de nourrir sa famille, peut être amené à devenir… sans jamais se départir de son missel. Tout en claironnant ses principes élevés à sa famille.

Bousquet, on le sait – on l'apprit même de la bouche de François Mitterrand dans une effarante interview télévisée menée par Jean-Pierre Elkabbach –, bénéficia d'une intense protection politique de la gauche au pouvoir pour éluder son procès et, ensuite, le repousser aux calendes de l'oubli. Au nom, toujours, d'une certaine mystique de la réconciliation nationale ; qui fut surtout, disons-le, un blanc-seing que le haut clergé républicain s'accorda à lui-même.

Le Nain Jaune, lui, fut sans doute le plus astucieux des barons de la collaboration : après la guerre, combinard brillant, il ne cessa d'irriguer le cœur du système financier des partis français. Gauche et droite confondues naturellement ; on n'est jamais trop précautionneux. Puisque sa carrière visible était derrière lui, il lui fallait garder des yeux dans le dos : en entretenant mille relations utiles parmi ces gaullistes restés un peu trop long-temps dans les allées administratives de Vichy (Couve de Murville, etc.). Qui pouvait bien chercher querelle à une telle éminence grise qui savait mieux que personne dans quel brouet, au bord de l'Allier paisible, son cabinet avait trempé de mai 1942 à octobre 1943 ? Et qui détenait tant de secrets tranchants.

Quand bien même il eût été une blanche colombe, égaré en quelque sorte dans ce trafic d'argent frais et d'influence, qui peut contester que sa position occulte lui procurait de très puissantes protections ? *Au cas où...* Lorsqu'on a connu les coups de grisou de la haute collaboration, on sait bien que tout reste possible.

Et qu'il vaut mieux ne plus posséder de domicile en France.

Seul Bousquet, fier de son ancienne défroque policière, était assez benêt pour loger officiellement avenue Raphaël à Paris ; et laisser son nom dans le Bottin !

Tandis que Jean Jardin, lui, ne se lassait pas de croquer des chocolats Lindt ultra-fins au bord du lac Léman.

# Le roman véridique des Jardin

Rien chez nous ne fut jamais raconté sans enjoli-
vement ni boursouflure délicieuse. Du crapoteux,
il fallait tirer une farce ornée de pittoresque. Sans
jamais oublier d'ennoblir à souhait les épisodes
canailles. L'exactitude nous paraissait une indé-
niable faute de goût, voire le début d'une forme de
mensonge. À la vérité, baisser notre degré d'affabulation nous aurait infligé d'amères conclusions.

Lorsque le Zubial publia en 1971 *La Guerre à
neuf ans* – ses souvenirs iconoclastes de vichyste
junior –, il prit soin de raconter au Tout-Paris que
son éditeur, le très énigmatique Bernard de
Fallois, avait divorcé de sa relation avec le Nain
Jaune pour que fleurisse leur affection. Au motif
exquis et romanesque que l'amitié ne se partage
pas. Puis, sur le ton de l'amusement, le Zubial
avait expliqué à son entourage que le Nain Jaune,
saisi d'une rage de père moliéresque, avait tenté
d'en racheter le manuscrit ; histoire d'asphyxier le
talent de son fils qui osait frapper ainsi à la porte
de la littérature. Goguenard, papa s'était targué

d'avoir fait louer par le groupe Hachette un petit avion à hélice tirant une bande publicitaire saluant la parution de *La Guerre à neuf ans* ; bande qui fut, paraît-il, déployée dans le ciel de Deauville pour survoler la plage, sous le nez du Nain Jaune en vacances, asphyxié d'exaspération devant sa cabine de bain. L'aéroplane vengeur aurait alors effectué assez d'allers et retours au-dessus de l'hôtel Royal, où séjournait Jean Jardin, en traînant sa bande – *Lisez* La Guerre à neuf ans *de Pascal Jardin* – pour que le vieil homme, soudainement bilieux, ait piqué une colère jardinesque et rapatrié séance tenante dans ses pénates helvétiques sa femme, sa maîtresse, ses chiens aboyant à la défaite, Soko, Couve et un ou deux ministres solidaires de l'atrabilaire.

Jolies scènes ? On passe de Molière aux Marx Brothers en vacances à Deauville (avec un ex-espion de la SS…).

La réalité est plus sèche.

Fallois, en homme d'une droite dure, tenait avec mon père la plume innocente – il n'avait que neuf ans en 1943 – qui pouvait parler sans culpabilité des élites de la collaboration.

Et puis, cela faisait vingt-six ans que le Nain Jaune s'appliquait à ne pas être vu, à exercer un pouvoir non officiel, un quart de siècle qu'il pratiquait une opiniâtre discrétion protectrice et qu'il refusait les sollicitations d'éditeurs parisiens qui guettaient ses Mémoires ; et soudain Pascal, le plus tonitruant de ses fils, la nitroglycérine faite encre, se permettait d'écrire à pleine fantaisie sur leur passé à Vichy ! En zoomant sans retenue sur la zone obscure de son parcours politique ! Celle qui pouvait lui coûter sa tranquillité, voire son scalp d'homme libre ; en tout cas son honorabilité.

Lorsque Jean avait eu vent du projet de ce livre par Fallois – qui s'était alors bien gardé de l'informer de son contenu réel –, sans doute avait-il senti les vrais ennuis le frôler ; et le risque judiciaire se rapprocher de sa quiétude helvétique. Nerveux, le Nain Jaune ignorait alors que le Zubial avait commencé à entreprendre, en crabe, sa sidérante réhabilitation. Leurs rapports n'étaient pas simples et, pour le moins, éruptifs. Avec charme, le Nain Jaune avait d'abord tenté d'obtenir du directeur du livre chez Hachette l'annulation pure et simple de la parution de *La Guerre à neuf ans* ; puis, devant le refus courtois mais très ferme de Fallois, il avait commencé la ronde de ses pressions diverses, celles que ce fin politique avait depuis toujours l'habitude d'exercer dans le Paris des leviers. Vichy devait rester dans le placard. Enfin, à bout de munitions et incapable d'obtenir la reddition d'Hachette, Jean en serait venu à de plus sérieuses propositions monétaires [1]. Restées sans effet.

Rien de Molière dans tout cela ; tout respirait la vraie peur.

---

1. Avouées gaiement puis niées par l'étonnant Fallois, avec une ironie enchantée.

Une terreur très légitime vivait en lui. Elle datait de l'épuration, de cette époque sanglante où son ami Laval fut fusillé et où le connétable de France avait refusé la grâce de l'Auvergnat. Même lorsque le Nain Jaune avait pris connaissance de la réalité du livre de son fils – qui ne le menaçait guère –, il avait dû trembler : la sortie d'un ouvrage pareil, mêlant cocasserie nerveuse et perception émue de Vichy par un ex-bambin habitué de l'hôtel du Parc, ne pouvait qu'occasionner du tapage. Son nom – dont les Français n'avaient jamais entendu parler – commencerait à circuler dans les rédactions. Des questions seraient posées, troussées, aiguisées. Des justifications réclamées. La tourbe de la haine vengeresse n'était pas loin. Pour avoir trop couché avec l'Allemagne, aurait-on l'idée de tondre sa réputation ?

Pourquoi diable avait-il enfanté un écrivain ?

Lequel en enfanterait un autre…

## Soudain, j'en suis

Le sentiment d'*en être* fut longtemps pour moi une source d'horreur indélébile. Je voyais bien dans l'œil de certaines personnes bouffies de gentillesse, et percluses d'amabilités au seul énoncé de mon patronyme, que mon lignage supposait certaines compréhensions ; pour ne pas dire un accord implicite avec une forme d'antisémitisme supposément culturel ou de bon aloi. Le plus pernicieux peut-être ; car, sous ses dehors bonhommes, suintant l'entre-soi inoffensif, il légitime l'assassin. Et permet à une nation sans nerfs de fermer les yeux.

Lors d'une signature chic à l'Opéra de Paris, en 1986, une jeune femme sensuelle – étourdissante de blondeur polaire – se pencha vers moi. Manifestement, elle n'en voulait pas qu'à mon cerveau. Engageante, elle vrilla ses pupilles bleues dans les miennes, gonfla son corsage magnifique et me susurra d'un air entendu :

— Vous savez, nos familles sont très liées… par nos grands-pères. Ils se sont bien connus… à Vichy, en 1942-1943 !

— Vous vous appelez comment ?

— Ma mère est née (…), un nom qui résonne bien de chez nous, n'est-ce pas ?

La créature débordait d'attraits et d'arguments charnus.

Glacé, je me suis aussitôt rétracté.

Ces malaises réfrigérants s'accentuèrent et prirent un tour vraiment récurrent lorsque mes romans commencèrent à connaître une réelle diffusion.

Paris, novembre 1988. J'ai vingt-trois ans. Écrivaillon fêté depuis la parution de mon roman *Le Zèbre*, tout le monde cherche à se frotter à mon succès que j'imagine éphémère. J.C., un critique littéraire de renom, épanoui de gaieté, collectionneur de mondanités mythiques et lustré de culture – à qui le triomphe du *Zèbre* doit beaucoup – veut me faire une surprise :

— Mets une veste et une cravate, je t'emmène dans un endroit très spécial. Tu verras, ce sera une jolie rencontre avec de vrais amis de ta famille… Ne t'inquiète pas !

Amusé autant qu'intrigué, je noue une cravate, me glisse dans mon unique veste et suis le critique pimpant – que j'apprécie fort au demeurant – qui m'escorte… chez Maxim's, rue Royale. Sur la droite en entrant dans la salle, une table est dressée ; y trônent une vieille dame volubile et son antique mari, moins frais. D'autres invités sont là, attablés, dont un très vieux monsieur à l'accent aussi aristocratique que germanique. Son esprit

fuse. On rit, on pétille, on m'accueille. La vieille
dame paraît si connue de tous qu'on ne prend
même pas la peine de me la présenter ; ni son mari
d'ailleurs. Ce serait inconvenant. Elle me serre
dans ses bras avec une effusion marquée, déclare
que « nous sommes en famille », m'apprend
qu'elle est la marraine de l'un de mes oncles et se
répand en souvenirs affectueux concernant le
Nain Jaune (« Il était tout pour nous, tout… ») ;
puis elle évoque les heures étincelantes qu'ils ont
traversées ici, avec lui, il y a si longtemps déjà.
Parmi les aficionados du III^e Reich mondain ; Coc-
teau, Yvonne Printemps, Mademoiselle Chanel et
tant d'autres égarés. Le vieux monsieur allemand
opine du bonnet, nostalgique. Tout un monde
estompé revit dans les lumières ambrées de
Maxim's.

Soudain, le froid monte en moi.

Je comprends que la vieille dame s'appelle Josée
de Chambrun. Elle est la fille de Laval et son mari
fléchissant est bien l'un des anciens avocats de
Pierre Laval devant la Haute Cour en 1945. Une
coupe à la main, je me trouve donc en train de
frayer avec l'une des nombreuses égéries de la vie
collaborationniste parisienne sous l'Occupation,
l'un de ces noms phares qui fédéraient alors les
baladins en vogue. Ce qui n'était pas rien : la vie
mondaine traduit bien la capacité d'un pouvoir à
trinquer avec les élites d'un pays, même piétiné. Et
là, soudain, on est entre soi, en famille. N'est-elle
pas la marraine de mon oncle ? Les mots d'esprit

fusent ; le ricanement aristocratique est de rigueur.
Mal à l'aise, je ris au milieu de ces gens décidément très bien. On me sert une eau minérale pétillante – de la Châteldon – propriété, me dit-on, du
Président (Laval). J'avale de travers mais fais
bonne figure. Que dire devant une telle déferlante
de gentillesses qui me fige d'épouvante ? Que
répondre à cette très vieille mondaine écroulée,
encore éprise de son père, et à son époux fourbu
d'Histoire qui fut l'une des voix de la fidélité à
Pierre Laval, son beau-père ?

S'ensuivent des souvenirs attendrissants mêlant
le Nain Jaune et toute la faune littéraire ou ciné-
matographique française qui, en ce lieu même,
dînait avec une certaine Allemagne ; évocation
désuète, empreinte de nostalgie pétillante. Tout de
même, c'était bien. Ravi de sa surprise, le souriant
critique du *Figaro* n'a pas l'air de s'apercevoir qu'il
m'a crucifié. J'ai vingt-trois ans, peu d'assurance
encore. Je ne dis rien, attends glacé aux moelles et
finirai pas sortir dans la rue en ayant envie de
prendre une douche ; de me désouiller d'un passé
qui n'est pas le mien. Tout à coup, j'ai honte de
cette familiarité tribale qui m'a totalement
dérouté. Et sur le trottoir, je tousse à m'en arracher la glotte. Par la vitre, j'aperçois une dernière
image : d'autres très vieux convives – bavarois,
indique leur costume traditionnel – se joignent à la
table brillante des Chambrun. Chez Maxim's, ce
petit monde retrouve l'un des décors chatoyants
de leur jeunesse commune ; et une hôtesse

toujours aussi exquise qui s'ébroue dans la mondanité de haute volée. Rien n'a changé.

Moi si. Je souhaite ne plus jamais frayer avec ces gens si bien sous tous rapports.

Ne plus jamais me souvenir d'un hier qui ne doit pas être le mien, d'une complexité et de contradictions qui m'asphyxient.

Le soir même, j'écrivis trois chapitres de *Fanfan*.

Pour m'aérer, me réchauffer le cœur ; et rêver ailleurs.

Sous ma plume, soudain, il ne fut plus question que d'extases bleutées. Je ne voulais plus goûter aux breuvages à hauts risques. Plus jamais entendre parler de mémoire incorrecte. Me défaire à toute allure de l'ignominie accrochée à mon nom. Et ne plus respirer que des valses de bons sentiments, ne plus connaître que des blessures à fleuret moucheté, des étourdissements aériens. Des baisers volés ou retenus, des entrechats sentimentaux.

## Un ami m'a dit

Désemparé, je me tourne vers un autre ami inquiet de tout, lucide jusqu'au désespoir et dont la famille est un peu plus juive que la mienne :

— Le Nain Jaune a tout de même joué double jeu, rendu des services à la Résistance. En tout cas sur la fin.

— Sur la fin, plein de gens ont joué double jeu.

— À qui penses-tu ?

— Himmler aussi a été ambigu lorsqu'il a interrompu l'extermination fin 1944 et commencé à négocier son avenir avec les Alliés.

— Jean n'a pas été qu'un supplétif du pire. Il a sauvé des Juifs avec sincérité ! Il a fait prévenir x fois son ami Jacques Helbronner, le président du consistoire israélite, le fils du grand rabbin, pour éviter son arrestation…

— … qui a finalement eu lieu en octobre 1943.

Mon ami tousse, comme s'il était gêné de me ramener sur terre :

— Tu sais qui a contribué à sauver mon grand-père, Gaston ? Un peu juif à ses heures…

— Le Nain Jaune ? ai-je blêmi.

Un instant, j'ai cru que le destin – si souvent jardinesque dans ses détours – me jouait un nouveau tour.

— Non, pire : Xavier Vallat, me répond-il.

Soulagé mais tout de même éberlué par cette nouvelle parfaitement inattendue, je réplique d'une voix de fausset :

— *Le* Vallat ?

— *Le* Commissaire général aux questions juives ! Le dingue antisémite, le patriote qui fichait, le mutilé de Vichy qui discriminait, traquait et marquait. Le berger allemand du système. Oui, l'homme qui a inspiré les grandes lois antijuives ! Et dont j'ai même publié la biographie…

— Qu'est-ce qui s'est passé ?

— Mon grand-père et Vallat s'étaient connus en 1916, dans le 114ᵉ bataillon de chasseurs alpins. Et lorsque Vallat a été grièvement blessé, en mars 1918, c'est Gaston, brancardier, qui est venu le récupérer sous la mitraille. « Papé » l'a sauvé. Quand, en 1942, les grandes rafles ont démarré, Vallat a fait prévenir à temps son sauveur. Gaston à son tour a payé sa dette en 1947 lors du procès de Vallat devant la Haute Cour. Ce témoignage d'un Juif a peut-être contribué à sauver sa tête, mais dans la communauté, c'est plutôt mal passé…

— Vallat ! ai-je répété, aphone, comme si j'avais nommé le diable.

— Avoir sauvé des Juifs ne signifie rien, ou plutôt pas grand-chose, sur le plan moral, mon vieil Alexandre. Ceux qui n'ont rien vécu n'ont pas droit au confort du jugement…

Cette fois, c'est lui qui est désemparé.

Dans le regard du petit-fils de ce Gaston, je lis qu'il aurait bien voulu venir en aide au petit-fils du Nain Jaune ; mais la vie, mauvaise fille, ne le permet pas.

En revanche, elle me permit de réparer. À ma façon.

Pour supporter mon intolérable ressemblance avec le Nain Jaune.

# II
## Se refaire

## Le Nain Jaune et moi

Comment pardonner à qui vous ressemble ?

Si nous avions été moins frères, le Nain Jaune et moi, sans doute aurais-je mieux toléré l'omerta dont il me fit le dépositaire. Et le bénéficiaire honteux. Peut-être même serais-je parvenu à lui trouver des circonstances atténuantes ; assez pour honorer sa trouble mémoire. Et l'aimer. Qui sait ?

Mais je n'ai découvert que tardivement notre gémellité.

Pourtant aussi flagrante qu'était visible le grand Boudin des parents de Zac.

C'était il y a deux ans, alors que je fouillais le destin concassé d'un fils d'exécuteur nazi ; l'un de ces damnés, prisonniers d'un legs infâme, que j'ai toujours scrutés. Bien qu'on discerne difficilement ces broyés, au hasard des enquêtes sur leur père ; quand ils ne se sont pas carapatés loin d'Europe comme les deux mouflets du commandant d'Auschwitz, Rudolf Hoess. L'un avait filé se fondre dans le melting-pot américain, l'autre était parti s'oublier en Australie. En allant directement au pire, à la source de l'horreur héréditaire, j'espérais percer le mystère de l'absence de culpabilité des complices de la Shoah. Comment ces parents-là avaient-ils pu, après guerre, défoncer leurs propres enfants en leur assenant un silence pareil ? La dureté de ce temps avait-elle fait de ces fugitifs des obsédés du moi ? Des experts en stricte fidélité à soi-même ? Des forteresses de mensonges aptes à tous les cynismes ?

Cette année-là, j'écrivais un roman gai et léger – *Quinze ans après*, la suite de *Fanfan* – tout en examinant de près, à travers des documents européens et américains, le sort d'un certain Jörg Hoppe. Ce garçon se trouve être le fils unique du commandant du Stutthof. Un camp de petit format, au débit moins industriel qu'Auschwitz mais où quatre-vingt mille personnes furent tout de même détruites, aux portes de Dantzig. L'histoire désespérante du fils Hoppe, tout en dérobades réitérées de son père, entrait curieusement en écho avec mes angoisses de garçon mal souché ; bien que je fisse la très nette distinction entre un commandant de camp de concentration allemand et un directeur de cabinet de Pierre Laval à Vichy. Sur l'échelle de Richter de la grande transgression, il y a des différences de degré qui restent des écarts de nature.

Après la guerre, Jörg Hoppe avait grandi dans le mutisme de son père. Un jour impossible, il avait soudainement appris en pleine classe de son école primaire, par la bouche d'un professeur sadique et

sans doute bien-pensant, les responsabilités
atroces de son géniteur. La honte d'exister, et
d'être issu d'un mariage SS à visée raciale, lui avait
alors brisé la nuque. Et lorsque le jeune Jörg avait
osé, bien plus tard, retourner au Stutthof transformé en mémorial polonais, il avait vu dans une
vitrine, exposées aux yeux de tous, des photogra-
phies de son père à la parade en uniforme de
colonel SS. Ces clichés étaient si ressemblants avec
son propre profil que Jörg avait paniqué et fui ;
terrorisé à l'idée que les gamins polonais en visite
scolaire, autour de lui, puissent le reconnaître.
Lors de son retour à Bochum, sa bourgade allemande natale, il avait tout tenté pour faire parler
son père afin de comprendre, en se gardant de
juger trop vite, et savoir quoi dire plus tard à ses
propres bambins quand ils se découvriraient avilis
de perpétuer le nom des Hoppe. Mais le commandant Paul Werner Hoppe (dont le beau-père avait
dirigé un autre camp de concentration ; une affaire
de famille) était resté emmuré, tout comme sa
femme, refusant d'établir un contact humain avec
leur rejeton fêlé à l'os. Paul Werner avait même
menti effrontément à Jörg (« C'est de la propa-
gande communiste, les Polonais ont apporté ces
instruments de torture dans le camp après la
guerre ! »), marmonnant qu'il n'avait fait que son
devoir et qu'il avait été, lors de son jugement en
1949, victime d'une immense injustice, repoussant
ses fameuses explications complètes au jour de
clarté où il rédigerait un livre – où il dirait tout, ça

on pouvait l'en croire ; mais ce jour-là, libératoire, n'était jamais venu. Jörg Hoppe avait cherché en vain le manuscrit de cette confession dans les affaires de son père, au lendemain de sa mort, à l'été 1974. Deux ans tout juste avant la disparition du Nain Jaune. Jörg Hoppe – comme la plupart des fils et filles de francs bourreaux – n'avait jamais obtenu cette fameuse conversation loyale qui aurait pu, espérait-il, apaiser sa filiation.

Je croyais être troublé par cette déconvenue, par l'énormité du silence auquel le fils Hoppe s'était cogné – moi aussi j'aurais voulu avoir cet entretien à cœur ouvert avec le Nain Jaune, s'il y avait consenti ; quand, subitement, l'évidence me prit au ventre. Dans l'histoire de Jörg, le moment clé qui me transperçait d'émotion était en réalité celui où il voit au Stutthof, exposés aux yeux de tous, des clichés de son père si ressemblants avec son profil qu'il perd les pédales et s'enfuit à tire-d'aile ; totalement bouleversé à l'idée que les gosses polonais en visite puissent le reconnaître.

Moi aussi j'ai eu la trouille toute ma vie d'être reconnu, démasqué, confondu. Tant je me sens de troublantes ressemblances morales avec le Nain Jaune.

Au point de n'avoir jamais osé fouler le sol d'Israël, de peur d'être immédiatement reconnu ; alors que j'ai humé l'air des quatre coins du globe. L'appréhension permanente d'être accusé m'a toujours empêché de supposer combien cette faute originelle était généralement ignorée.

Crainte absurde ? Certes ; mais *vit-on ailleurs que dans la forêt de ses folies mal guéries de l'enfance* ? A-t-on déjà vu un être humain exister autrement qu'à travers l'opinion cinglée qu'il se fait du réel ? Freud décrit ce fameux « complexe d'Hannibal » (le général carthaginois qui ne put jamais entrer dans Rome) pour expliquer qu'il y a des lieux où, dans nos vies, on ne parvient pas à arriver. Freud, lui, eut du mal à atteindre la ville de Rome, la capitale de la chrétienté ; moi je n'ai jamais pu rejoindre Jérusalem. Jean – qui lui-même ne s'y rendit jamais – imprégnait ma perception de l'État juif. Or, bien que je l'aie perdu à douze ans sans bien le connaître, le Nain Jaune fut pour moi davantage mon grand papa, un peu mythique, que mon grand-père ; car le Zubial, mort en quelque sorte à neuf ans, resta toujours un fils. Orphelin à quarante-deux ans, frappé d'un cancer dans la foulée, il n'a d'ailleurs pas survécu au Nain Jaune plus de quatre années. L'autorité saillante de la famille demeura celle de Jean ; pas celle de mon propre père, qui possédait tous les charmes mais pas les compétences d'un éleveur ni les solidités d'un assumeur de clan. Au point qu'il m'a fallu écrire un livre à sa gloire – *Le Zubial* – pour lui donner plus de consistance paternelle dans ma propre histoire. Mon habitude fut toujours de me procurer, sur papier édité, ce dont la vie m'avait privé. Dans ma lignée, la masculinité affirmée a en quelque sorte sauté une génération.

Fils petit de Jean plus que son petit-fils, j'ai donc hérité en ligne directe d'une part non négligeable de son personnage et de ses ambitions politiques. Comme le Nain Jaune, j'ai fait Sciences-Po casqué de rêves. Comme lui, je me suis affabulé en m'imaginant entrer un jour dans l'arène du pouvoir. Comme lui, je croyais nécessaire d'assumer le réel et immoral de se dérober. Comme lui, je me suis attribué un rôle frénétique d'inventeur de solutions. Et une position familiale qui, non désirée, n'était pas la moindre ; au point d'encombrer les miens en croyant bien souvent les aider.

Quand vint l'heure d'ouvrir les yeux sur son passé terrifiant, je ne lui ai donc rien pardonné. Trop fondamentalement Jardin pour renier son legs et notre blason, je ne parvenais pas à m'arracher à ma filiation. Ne restait plus qu'à réparer…

Avant de trahir les miens, de défroquer.

Pour ne plus laisser leurs mensonges dire je en moi.

Avec le rêve déterminé de nous refonder.

Et l'ambition de cesser de rire.

# Beaune-la-Rolande

Publier ces pages encolérées reste pour moi une réparation minimale. Elles me permettent de renoncer aux bénéfices sympathiques de notre légende et assurent une certaine sape de notre crédit ; ce qui est bien le moindre. Le parfum joyeux qui nimbait la saga de notre clan n'y résistera pas. Je signe ces pages comme on refuse un héritage devant notaire. Pour sectionner une filiation après l'avoir reconnue.

L'ablation du passé suppose forcément la trahison ; afin de ne pas se trahir.

Il en est de bienfaisantes et de régénérantes même si l'infidélité aux siens passe dans notre monde pour un coup bas, voire un sacré péché ; ou du moins la marque d'une indécrottable déloyauté. Comme si la quête du bien n'avait pas partie liée avec le courage. Comme si ce n'était pas renaître et se réinventer que d'oser dire non à l'inadmissible. Comme si la santé d'un arbre – généalogique ou végétal – n'exigeait pas de temps à autre des tailles sévères, impérieuses, à cœur. Comme si choisir ses fidélités n'était pas vital lorsque le pire est venu gangrener la mémoire.

L'idée de ce livre vrai et âpre a germé dans ma conscience triste en 1999.

Je m'étais rendu à Vichy en voiture – sans même lever les yeux sur l'hôtel du Parc – pour aller faire ma cour à une très vieille dame du cinéma français que j'envisageais de faire tourner dans l'un de mes films : Odette Laure. Vichy possède une maison de retraite réservée aux acteurs friables et aux grandes actrices qui s'effacent déjà de nos mémoires. De retour en direction de Paris, troublé par ce que j'avais refusé de voir au bord de l'Allier, j'ai pilé devant un panneau de signalisation qui indiquait sur la droite : « Beaune-la-Rolande 5 km ». Bouleversé, j'ai soudain pris conscience de ce que le camp de Beaune-la-Rolande – où les naufragés du Vél d'Hiv avaient été, pour une bonne part, parqués avec leurs enfants – se trouvait sur la route Vichy-Paris, dans le Loiret, à trois heures de route à peine du bureau du directeur de cabinet de Pierre Laval. Juste après un bled aux sonorités paradoxales : Longcourt. Long comme ma propre vie et court comme celle des déportés.

Le Nain Jaune avait-il tourné à droite – entre le 22 juillet et le 17 août 1942 – en regagnant Paris à bord de sa Citroën 15 CV au moteur gonflé et pourvue de vitres à l'épreuve des balles ? Histoire de constater les effets concentrationnaires de la politique qu'il mettait en œuvre ; et de faire la risette aux quatre mille enfants que son gouvernement avait logés là, avec des gendarmes comme nounous et des miradors en guise de chaises hautes ? Si Jean avait donné ce coup de volant et roulé cinq petits kilomètres dans son bolide, comment aurait-il pu retourner ensuite au petit château de Charmeil pour serrer dans ses bras mon père de sept ans et son fils aîné de dix ans ? Bienheureuse cécité, délicieuse hâte d'un grand commis de l'État propulsé par une Citroën chaussée de hautes roues Delahaye qui permettaient, paraît-il, de ne plus voir le réel en fonçant à plus de cent quatre-vingts à l'heure. Alors j'ai tourné à droite et les ai faits à sa place ces cinq kilomètres.

À Beaune-la-Rolande, impossible de trouver trace du camp.

Allais-je oser interroger un habitant ? L'un des ex-voisins de cet enclos de la honte. Quelqu'un qui y avait peut-être travaillé ; ou sa fille, ou sa nièce, ou son petit-fils.

Un vieux bonhomme, doté d'un moignon de mégot vissé au coin des lèvres, me déclara laconiquement à deux pas de l'église que les baraquements avaient été détruits il y a longtemps déjà. Il avait des yeux comme des cratères et l'haleine de ceux qui, par principe, préfèrent ne rien voir. Jamais. Un vague bâtiment s'élevait sur l'emplacement du camp français. Cette histoire était liquidée ; et moi je restais là, possédé par une mémoire qui n'était pas la mienne, une culpabilité qui ne me concernait pas directement, une honte qui n'effleurait même pas les miens.

Comment pourra-t-on enterrer ce passé si personne ne s'en sent responsable ?

Alors je me suis contraint à voir les bâtiments invisibles, à fixer d'illusoires miradors gardés par d'imaginaires gendarmes français et à entendre les cris des mères qui avaient hurlé si fort lorsqu'on les avait séparées de leurs petits.

Je voulais que les gènes du Nain Jaune, présents dans mes propres pupilles, encaissent ce qui n'avait pas été perçu. Que mon nez renifle ce lieu. Que ses poumons, à travers les miens, inhalent l'air de cette honte.

En rentrant vers Paris, cafardeux et à pleine vitesse, je me suis dit qu'il me faudrait un jour ou l'autre choisir ma mémoire, comme tous les Jardin qui suivront ; et récuser par écrit celle du Zubial qui, malgré ses charmes ensorcelants, comportait une sérieuse voie d'eau dans la cale. Dans une zone secrète de mon âme, l'affabulation jardinesque m'était devenue intolérable. L'immobilisme mental n'était plus possible. Je ne supportais déjà plus d'être assigné à notre mémoire. Mais, dans le même temps, je craignais de faire de la littérature avec ce pire-là ; d'exploiter l'horreur d'un lignage. Pas simple. Et puis, je n'avais jamais confondu écrire et mettre en accusation. L'usage du cri ne m'était pas non plus familier ; je lui avais toujours préféré les remuements plaisants du romantisme chromo. On verrait plus tard.

Mais la germination avait commencé.

Arrivé chez moi, à Paris, je n'ai rien dit de cette visite à Beaune-la-Rolande, au pays du réel. Et des conséquences très barbelées de l'action menée par le cabinet de Laval. Je n'ai parlé à personne et suis allé donner mon sang dans un camion de la Croix-Rouge ; pour m'extirper de mon malaise, rejoindre le sang des hommes. Je n'ai même pas téléphoné à Zac. Certains mots mal déglutis ne sortent que dix ans plus tard.

## La tentation de l'angélisme

Héritier du pire, j'ai longtemps essayé d'expurger de ma vie tout mauvais sentiment ; comme si l'angélisme avait été une issue vitale. Glacé de trop aimer les Jardin, j'enrobais de rose bonbon mes relations, mes opinions et mes romans bondissants ; avec le fol espoir de purifier l'existence de ses remugles.

Je me suis toujours dit que l'un de mes oncles – que j'adorais – avait surmonté de cette manière le drame inapparent de sa filiation : en refusant à jamais de voir le mal. D'en tolérer même l'idée. Très jeune, il avait opté pour une générosité constante et pratiqué en lui une sorte d'ablation de la mesquinerie. Comme en lévitation, il demeura toujours en état d'ouverture radicale aux besoins d'autrui. Agir par épicerie ou songer à ses petits intérêts le chagrinait. Comme si son enfance dans un Vichy trop pécheur avait fait de lui un saint ; une sorte de chrétien déréglé. Se trouvait-il à Paris dans un restaurant cher ? Saisi de bonté, il ouvrait son cœur et invitait tout le monde ; puis il atterrissait sur le trottoir, à minuit, sans un fifrelin pour payer l'essence de son retour en Suisse. À la rue mais pur. Avait-il aimé une femme avec un dévouement total à toute heure du jour et de la nuit, en lui sacrifiant l'intégralité de ses attentions ? C'était la petite Juive naturellement, celle qui l'avait agrafé (aux dires agacés du Nain Jaune). Travaillait-il à un projet ? Il lui était toujours désagréable de recevoir de l'argent en échange de son labeur inouï ; laissant entendre que la question de la rémunération pouvait entacher l'authenticité de son engagement. Voir le bien en tout et en chacun était sa faculté majeure, son talent, sa maladie chronique, sa beauté ; comme s'il avait été pour lui trop périlleux d'envisager la part obscure de son père.

À son instar, j'ai longtemps pratiqué cet aveuglement.

En m'efforçant même de mettre de la lumière dans le pire.

Pendant des années, je me suis attaché à saisir, de manière quasi obsessionnelle, comment les membres des Einsatzgruppen – ces bataillons mobiles d'exterminateurs lancés sur les arrières de la Wehrmacht lors de l'invasion de l'URSS – avaient pu liquider tant de familles juives tout en éprouvant des bons sentiments ; c'était cela qui m'intéressait et qui motivait mes recherches tatillonnes : la mobilisation du bien dans le mal. Qu'il fût possible, même en commettant des transgressions majeures, de conserver une forme d'angélisme me soulageait. J'avais besoin de me persuader que le diable lui-même n'était pas entièrement diabolique.

Alors que j'écrivais une multitude de romans souriants, j'ai donc passé des années à éplucher des correspondances de SS ou des études sur les agents de l'Ordnungspolizei (police d'Ordre, très associée à la Shoah par balles), afin de mettre au jour les mécanismes inouïs de l'angélisme exterminateur ; ceux-là mêmes qui permirent à des cohortes de gens très bien d'abattre en série des nourrissons.

J'ai ainsi découvert avec fascination le cas d'un officier SS très bien noté qui avait, en août 1941, solidement méprisé certains de ses comparses SS de son Einsatzkommando coupables, selon lui, d'excès navrants. En plein massacre devant des fosses tassées de cadavres juifs nus, ce SS hautement moral s'était indigné que ces malpropres se fussent laissé aller à liquider les enfants après leurs mères. Lui, de toute évidence plus *correct* (ce mot magique paraissait l'obséder dans ses lettres privées pleines de sentimentalisme), semblait avoir eu à cœur d'exécuter les gamins juifs en premier afin que ces derniers ne souffrissent pas de voir leur mère assassinée. Émouvante attention… qu'il avait aussitôt mise en œuvre, en interrompant les malotrus qui s'étaient autorisé cette cruauté tout à fait inutile et parfaitement incompatible avec l'éthique d'un honnête national-socialiste. Vilipender ses vilains collègues permettait à ce boucher de se décerner à bon compte une étonnante médaille d'humanisme ; crédible au regard des normes allemandes en vogue lors de l'automne 1941. Médaille méritée si l'on tient compte de la générosité insurpassable dont ce gradé fit preuve en refusant de se décharger du sale boulot – anéantir les petits enfants notamment – sur ses subordonnés ; tâche salissante et très désagréable que, dans un bel élan de paternalisme, il avait décidé d'assumer lui-même *avec courage* afin de ne pas exposer ses troupes à trop de tensions nerveuses. Une merveille d'homme ! Un altruiste casqué qui, à chaque minute de sa vie, s'était senti responsable d'autrui. En agissant avec cette sollicitude confondante pour ses soldats, il se répétait que ce travail très rebutant ne serait plus à faire par la génération allemande suivante… au prix d'un effort surhumain de volonté qu'il s'était imposé pour surmonter son propre dégoût physique. Un chic type ! Capable de faire fi de ses propres haut-le-cœur lorsque les débris d'os et de cervelle de gamins juifs souillaient son uniforme. Pas feignant et soucieux de l'avenir de sa race avec ça ; puisque ce garçon s'était répété à chaque détonation que les bébés juifs mis à mort par ses soins – de futurs communistes à n'en pas douter – ne seraient pas tentés plus tard de se venger sur la communauté aryenne déjà si agressée par *le Juif* depuis des siècles ; au point que ce pogrom *courageux* passait à ses yeux pour de la légitime défense. Ainsi semblait avoir fonctionné le psychisme très particulier de ce *SS correct* engagé pour pacifier les arrières du front russe lors de l'été 1941.

Des cas comme celui-ci, rencontrés en nombre au fil de mes lectures attentives sur les exécuteurs, me rassérénaient grandement. Ils témoignaient que, même lorsqu'il a pénétré en enfer, tout homme éprouve le besoin de se convaincre qu'il reste un type bien. Je suis probablement l'un des rares à avoir supposé sincères les derniers mots, affolants, de l'autobiographie de Rudolf Hoess, commandant d'Auschwitz : « Moi aussi j'avais un cœur. » Il me fallait sans cesse dénicher des parcelles de pureté dans l'ignominie humaine.

Pourtant, mon angélisme maladif ne toucha pas directement les miens : je ne parvenais pas à les honorer.

## La tombe des Jardin

Depuis l'âge de quinze ans, je ne suis retourné qu'une seule fois sur la tombe du Nain Jaune et celle de mon père, voisines dans le cimetière bucolique de Vevey ; à l'exception des enterrements où je ne pouvais pas me défiler. Mes propres enfants n'en connaissent pas l'emplacement. Ils ne se sont jamais inclinés devant nos ascendants communs.

Nulle négligence dans cette dérobade au long cours.

Je n'ai jamais pu déposer de fleurs sur leurs mensonges.

La douleur de m'être glorifié d'une honte – porter le nom de Jean – s'est trop longtemps ajoutée chez moi à la terreur d'être démasqué.

Ce boycott sourd doit tout à ma colère inapaisée. Honorer sans réticence le Nain Jaune constituait pour moi une insulte supplémentaire aux familles juives mutilées par Vichy. Me recueillir – même seul – sur la sépulture du Zubial eût été souscrire à ses dénis, aux affabulations charmantes par lesquelles il avait cru se – et me –

protéger. Me retrouver la nuque baissée face à leurs restes me semblait contraire à l'esprit de réparation qui m'habitait.

Une seule fois je me suis rendu au cimetière de Vevey, au bras de ma seconde femme. L'âme lourde. C'était il y a dix ans. J'avais osé ce pèlerinage car, depuis que nous sommes deux, le souffle de L. m'a toujours porté aux désenlisements. Sa bouche avait déjà un parfum d'aventure. Sous un mauvais soleil qui tombait des interstices du ciel, engourdi de peine, je n'ai pas su les présenter. Je suis resté là, malheureux d'être moi, au bras de cette femme sans déguisements qui rallie dans son sang italo-français tant de contraires : les gènes d'une grand-mère dont les papiers d'identité affichaient le tampon rouge JUIF et ceux d'un père prénommé Philippe (comme Pétain), né en mars 1942 à… Vichy. Ça ne s'invente pas. J'ai alors fleuri la pierre tombale du Zubial, avec malaise et un brin de fragilité. Mais impossible de déposer la moindre rose sur la stèle du Nain Jaune. Même une petite fleur m'aurait semblé un outrage aux enfants du Vél d'Hiv.

Je n'allais pas réciter le kaddish (même si nous avions été dix hommes), la prière juive pour les disparus, devant la croix minérale du directeur de cabinet de Pierre Laval.

Résigné, j'ai fermé mes paupières pour éclipser leurs tombes ; et nous sommes partis. Le cœur à plat et le front triste.

Suis-je prêt à leur pardonner leurs actes ? Peut-être un jour, mais je ne pardonne toujours pas au Zubial et au Nain Jaune d'avoir fait de moi l'héritier d'une respectabilité douteuse. Ni le parfum de frivolité que le Zubial crut nécessaire d'accrocher à notre nom. Comment papa a-t-il osé métamorphoser l'un des moteurs de Vichy en un Nain Jaune étincelant, entortiller le pire dans sa piété filiale ? Et nous inventer sur papier broché une honorabilité de contrefaçon ? D'aucuns y verront une insolente marque de talent. Ce génie-là fascine ma plume ; mais appliqué à la plus indécente des falsifications, il me fait horreur. Et parfois me fait désespérer de la littérature.

L'un de mes oncles que j'aime s'est longtemps occupé de l'entretien des deux tombes. Désormais, je m'acquitte de factures libellées en francs suisses, celles du Zubial ; la monnaie de l'exil éternel. Le montant, à chaque fois, m'écœure par sa modicité.

Ils m'ont coûté si cher, ces deux-là.

## Les fils de

Avant Jörg Hoppe, il y eut un autre homme – qui sans doute ne me connaît pas – que j'ai scruté à distance. J'épiais secrètement ses prises de position crispées et surtout sa fascinante fidélité à son père : Guy Bousquet, l'enfant de René. Il est le fils unique de celui qui, le matin du 16 juillet 1942, avait très probablement fini par téléphoner au directeur de cabinet de Laval, à Vichy, pour rendre compte de l'avancement de la rafle du Vél d'Hiv. Oui, au Nain Jaune, dont le métier était de tout savoir. Et s'ils ne se sont pas parlé directement ce jour-là – ils avaient tant à faire, les bougres ! – on voit mal comment ils ne s'en entretinrent pas par la suite, ne serait-ce que pour y faire allusion, dans les couloirs ouatés de l'hôtel du Parc.

Automne 1993, j'ai vingt-huit ans. Je suis posté devant un immeuble de l'avenue Marceau, à Paris. Le bâtiment abrite le cabinet d'avocat de Me Guy Bousquet dont j'ai déniché l'adresse dans un Bottin usé. Une idée folle m'a traversé l'esprit :

l'intercepter à la sortie de son boulot pour lui demander comment nous, les fils et petits-fils de, nous pourrions prendre une initiative pour réparer les actes de nos parents et grands-parents. Au motif que – même si nous portons des regards très différents sur leur passé – l'Histoire et la morale ne nous permettent plus de nous dérober. Dans mon angélisme, j'ai soudain assez de foi pour penser qu'une forme de dépassement de nos sensibilités blessées est possible, compte tenu de la gravité de nos antécédents. Un instant, j'avais songé prendre rendez-vous avec M^e Guy Bousquet, classiquement, mais y avais finalement renoncé. Je ne me voyais pas lancer à sa secrétaire au téléphone :

— M. Jardin... je voudrais parler à M. Bousquet.

Il sort de l'immeuble. Mal à l'aise, je le prends en filature sur le trottoir de l'avenue Marceau, avec l'espoir de le persuader et de l'interroger sur sa capacité à réhabiliter sans cesse son père. Au bout d'une centaine de mètres, il remarque mes pas rapprochés et se retourne.

Bousquet regarde Jardin.

J'ai rebroussé chemin. Il avait l'air soucieux. Je n'ai pas osé aborder cet homme pudique à la soixantaine passée. Je me suis enfui, par chagrin rentré sans doute. Et en prenant conscience qu'on ne demande pas des comptes à rebours à un fils de. Ma proposition de réparation collective, soudain, m'est apparue totalement farfelue. Sans doute étais-je seul sur ce trottoir à vouloir m'engager sur ce chemin...

# Devenir juif

Mes plus tendres amis ont presque tous l'humour d'être juifs ; bien que je n'aie jamais recherché consciemment cette qualité. Je leur dois d'avoir remmaillé avec moi un fil tranché en 1942. Si j'ai toujours craint de franchir la frontière d'Israël, entrer dans leur cœur a fini par réchauffer le mien. Mais l'un d'entre eux, Antoine Schneck, fit plus encore pour me réparer : photographe de grand calibre, résolu à diviser la vie en rectangles, il m'ouvrit les portes d'une synagogue.

C'était à Copernic, en 1994, lieu symbole de l'antisémitisme plastiqueur. Antoine m'y invite un soir. Un rabbin poilant, pétri d'érudition souriante, s'est mis en veine de décortiquer en chaire l'un de mes romans ; en appliquant à ma prose un traitement de choc talmudique. Intrigué, je m'équipe d'une kippa qui me fait une auréole textile et me faufile rue Copernic pour assister à un dîner-Talmud du très remuant Marc-Alain Ouaknin.

Première joie troublante : personne ne voit en moi le représentant d'une famille de vichystes ou le légataire, malgré moi, d'une débâcle morale. On me prend même pour quelqu'un de normal. Pas un regard alentour n'a l'air de soupçonner les occupations de mon grand-père le matin du 16 juillet 1942. Pour un peu, les grands-mères marieuses, étoilées à l'époque par le régime du Nain Jaune, me trouveraient l'air casher. Je me fais l'effet d'une toile de Boudin. Je suis visible mais non reconnu. Mais moi je ne peux pas m'empêcher de songer aux pleurs des quatre mille enfants du Vél d'Hiv, au mot terrible prononcé par Soko qui reste logé dans mes tympans (« grillés »). Tout en ayant envie de hurler à tout le monde que je n'y suis pour rien, et que je me sens gaulliste d'âme au point de croire que les Français ne sont pas toujours la France.

Ouaknin monte à la tribune et se lance alors dans une période oratoire acrobatique dont la portée résonne encore en moi. Il s'empare de mon texte, passe gaillardement sur le corps de mes certitudes, les culbute, dégomme mes points finaux pour en faire des points d'interrogation. Et dynamite ses propres questionnements ! Ce rabbin a la texture d'un éclat de rire, l'odeur de la joie et le sourire d'un nouveau-né ; ou plutôt d'un type occupé à naître. Et non à se perpétuer ou à ruminer des croyances. Le zigzag semble sa spontanéité, le looping intellectuel son habitude. Dans son cerveau fiévreusement juif, le temps n'existe plus. Il gifle le XVIIᵉ siècle, apostrophe les vivants, interpelle les pas encore nés, rit de bon cœur avec les déjà morts. En interprétant sans répit mes pauvres paragraphes en charpie, pulvérisés en un feu d'artifice de questions qui en amorcent d'autres.

À vingt-neuf ans, je découvre par cet orateur espiègle l'euphorie talmudique, la gaieté d'enfiler les lunettes d'un homme-question, l'incroyable volupté de renoncer à être pour devenir toujours. En se donnant le droit d'être infidèle à tout. En se désankylosant l'esprit. Le Talmud me conquiert instantanément. Aucune autre fête de la pensée ne m'a depuis fécondé avec une telle tonicité. Jamais je n'avais soupçonné l'énormité de la joie juive qui jaillit de la pratique aventureuse du Talmud, un toboggan sans fin. En refusant de répondre à ses propres interrogations autrement que par d'autres questions qui ricochent l'une contre l'autre, l'esprit se décalcifie et propulse sans cesse l'idée trop stable que l'on se fait de soi vers d'autres territoires. Quand le catholicisme joue si souvent à la belote pépère, en lustrant ses dogmes, le judaïsme joue au poker mental.

Désempaillé par ce Marc-Alain Ouaknin qui parle à vingt-trois images/seconde (en accéléré), j'entrevois soudainement la possibilité d'être juif. Mieux, la nécessité d'expérimenter cet état revigorant pour ne pas mourir de mon vivant. À l'entendre, est juif tout être qui consent à se démomifier ; et à danser furieusement sur le tas de ses bandelettes. L'intranquillité radicale de ce rabbin me requinque. On est bien loin des étroitesses débiles sur « le peuple élu » ; le vent frais de l'universalisme flotte sur sa gaieté.

Dès le lendemain de cette conférence copernicienne, je me mets à compiler livre sur livre sur le Talmud, afin de pâturer dans ce champ-là par nature illimité. Les volumes de Ouaknin, tous teintés par sa fraîcheur, me serviront de tremplin vers d'autres travaux rabbiniques tout aussi érudits mais parfois moins juifs à mes yeux ; entendez empesés de sérieux, atteints de goyisme péremptoire. Le judaïsme le plus souriant déboule dans ma pensée et me procure *le savoureux bonheur d'apprendre à ne plus savoir ce que je croyais connaître*. Et à abjurer sans cesse.

À compter de cette conversion au Talmud, quelque chose de gris en moi se colore. Réchauffé par le cœur du judaïsme le plus ouvert, je redeviens quelqu'un qui devient. Un bourgeon perpétuel, un départ prolifique, une orgie de doutes. Mes petites veines se gonflent de grands désirs. J'apprends à décrocher de mes points de vue, à faire pivoter sans arrêt l'angle de ma réflexion, à dézinguer celui que j'étais. Et à dédaigner l'ornière des réponses. Pour m'élancer dans une existence hérissée de points d'interrogation, alcoolisée de questionnements.

C'est dans une synagogue que le petit-fils du Nain Jaune s'est rencontré ; et que je me suis défatigué de mon hérédité pour filer vers une identité toujours diverse. Comme s'il m'avait fallu ranimer en moi la lumière juive que mon aïeul s'était appliqué à éteindre depuis le deuxième étage de l'hôtel du Parc.

Assez vite, j'ai flairé pourquoi les Juifs enquiquinent les pisse-froid depuis l'Antiquité : ce club d'acrobates du verbe fut inventé pour botter le cul des certitudes. Et saboter les axiomes. Peuple de l'interrogation, amis des courants d'air spirituels, des concepts rebondissants et des trampolines de la pensée, ils ne pouvaient qu'agacer les dogmatiques et les aficionados de l'inertie. Quand un nazi brûle un livre, c'est pour l'anéantir ; si un rabbin s'y colle, c'est qu'il en est l'auteur. Lisez donc *Le Livre brûlé* de Ouaknin ; et abusez de sa prose !

Et dire que Vichy voulut lutter contre l'influence de ces gens-là… mû par le rêve sinistre de façonner une France obèse de réponses, repue de credo patriotard et vide de questions. En somme déjà morte. Comme l'Allemagne sans vie que préparait Hitler, asphyxiée de doctrine, prête à sortir des écrans radar de la modernité. Quel projet terrible que de vouloir exterminer des points d'interrogation !

## Enjuiver la France

Le Nain Jaune avait contribué à désenjuiver la France ; cela fait dix ans que j'essaye de l'enjuiver. Sur les bancs de Copernic, étourdi de Talmud, j'ai rapidement fait une autre découverte : les questionneurs hilares que je coudoyais possédaient tous des ancêtres qui savaient lire depuis près de trois mille ans. On n'est pas juif par acte de foi – contrairement aux catholiques priés de croire ; on l'est si l'on consent à étudier. La fréquentation du Livre (la Torah) et de la chose écrite fonde l'identité des familles qui s'imaginent juives. Cette petite amicale de papivores tient donc plutôt mieux tête à l'adversité que la plupart des communautés humaines depuis deux ou trois millénaires ; car elle bouquine et fait bouquiner ses enfants. La martingale gagnante est là : constituer un peuple du Livre, ruminant sans fin cette phrase magnifique du Talmud : « Le monde ne se maintient que par le souffle des enfants qui étudient. »

L'Aryen moyen est fier de son ADN ; le Juif de sa bibliothèque.

Pour réparer l'œuvre vichyste du Nain Jaune, j'ai donc formé le projet d'enjuiver les Français en en faisant progressivement un autre peuple du Livre. Une nation ardente à lire aux éclats, fière de ses bibliothèques, radieuse de jouir de ses textes. Du crime du Vél d'Hiv à la promotion de la lecture… il n'y avait qu'un pas : je l'ai franchi par angoisse. Et par détestation de la haine.

Printemps 1998. Le Front national me rend malade.

La bouche de Jean-Marie Le Pen crache les opinions du Nain Jaune avec un déboulé qui enflamme une part colérique de la nation. Ivre de certitudes nationales, l'atrabilaire rameute les rancunes sociales à fleur de société, flatte les pas contents et fait reluire des chimères tricolores que je croyais effritées en 1945. De meetings bondés en réunions populaires, les gens bien, soudain, le font monter sur le pavois. S'agit-il d'un soudard aux yeux bleus, aux crocs blancs et aux yeux injectés de sang bien rouge ? Non, loin de ne coïter que dans l'insulte, le paladin de la haine française se bombe de vertus, se gonfle même de principes très chrétiens et convoque les plus hautes valeurs pour habiller de frais l'antique caquet raciste. Toujours la même méthode : l'ennoblissement du pire. On enveloppe les bas instincts dans le drapeau. Pour foncer vers l'inconduite, l'humanité semble avoir besoin d'élévation morale, de dévouement sincère et d'une solide dose de droiture. À Saint-Germain, on croit Le Pen vil, tortionnaire à ses heures et habile à capter des héritages ; à Dreux, à Marignane ou à Orange on applaudit en « Jean-Marie » quelqu'un de réglo.

Comme le Nain Jaune, celui de 1942.

Avec mon ami Pascal Guénée, le soutien d'une bande d'écrivains crêtés d'optimisme, l'appui sincère de la Ligue de l'enseignement et de l'Union nationale des associations familiales, nous nous lançons à l'automne 1999 dans l'aventure du programme *Lire et faire lire*. Des centaines, puis des milliers, puis des dizaines de milliers de retraités répondront à notre appel en venant transmettre aux enfants des écoles maternelles et primaires de ce pays la jubilation de la lecture. La méthode de *Lire et faire lire* est simple, tendre et efficace : parier sur le lien intergénérationnel pour fabriquer une nation de lecteurs.

Je me suis toujours gardé de révéler qu'il s'agissait, à mes yeux de petit-fils du Nain Jaune, de réparer l'horreur du Vél d'Hiv.

Souvent, des gens se sont étonnés que j'aie pu dépenser, bénévolement bien entendu, autant d'énergie pour cette cause depuis des années. Ce militantisme ne me coûtait pas : je ne faisais que rembourser nos dettes familiales contractées en 1942-1943.

À chaque fois que je pénètre dans une école où des mouflets rient autour d'un retraité occupé à se délecter d'un livre avec eux, en engoulant des livres dans le coin d'une bibliothèque, je repense fugitivement aux quatre mille gamins du Vél d'Hiv. Ils ont peut-être grillé mais l'esprit du judaïsme sera diffusé, envers et contre tout, jusqu'aux tréfonds de nos banlieues où rôde le chagrin social. Les funestes gens très bien n'auront pas le dernier mot.

Revenant de New York à la fin de l'an 2000, où il vivait et faisait alors carrière dans le négoce de tableaux, Zac me mit en garde de sa voix rauque :

— Ne le dis jamais publiquement !

— Quoi ?

— Que tu veux enjuiver la France. Ce serait contre-productif. Comment réagiraient les écoles des banlieues musulmanes ? Et les antisémites latents ? Tes mobiles intimes ne regardent que toi.

— Tu sais ce qui est contre-productif ? C'est d'avoir honte de ses mobiles. Et d'avoir peur de tout.

— Attends tout de même que *Lire et faire lire* soit un succès. Et pour l'instant, silence !

## Zac ne m'a pas dit

Été 2001. Je passe chez les Frank, place du Palais-Bourbon, pour y déposer une traduction allemande de l'un de mes romans. Leni, la mère de Zac, m'ouvre en pleurs. Elle vient de raccrocher son téléphone.

— Ma mère, toujours la même… nazie. Intelligente, subtile et sincère : les pires. Tout ce que j'ai quitté en me mariant ici, à Paris, pour faire des enfants juifs.

Je reste bouleversé qu'elle me fasse l'honneur de ses larmes.

Devant mon air incrédule, Leni ajoute avec effarement :

— Zac ne t'a rien dit ?

— Heu… non.

— Ah…

— Nazie, ta mère… vraiment nazie ?

— Quatre-vingt-quatre ans cette année, ancienne cadre de la BDM, la *Bund Deutscher Mädel* (Ligue des jeunes filles allemandes), convertie au racisme intégral. Une sorte de cheftaine de la branche féminine des Jeunesses hitlériennes.

— Et ton père ?

— Un super pedigree...

D'une traite, comme pour tout avouer d'un coup, Leni ajouta sur un ton douloureux où l'on devinait une colère secrète :

— Suicidé en avril 1945 par fidélité à Hitler. J'avais trois ans. Diplômé en architecture, il avait fait partie de l'équipe d'Albert Speer quand il était GBI, Generalbauinspektor (Inspecteur général de la construction), après avoir suivi les mêmes études que Speer à la Haute École technique de Berlin-Charlottenburg. Mon père a travaillé sur tous les grands chantiers de l'architecte d'Hitler jusqu'à l'hiver 1940. Puis il s'est engagé dans la SS pour faire son devoir, contre l'avis de Speer, et a été nommé en mai 1941 Hauptsturmführer SS (capitaine) d'un Sonderkommando du Einsatz-gruppe C, en Ukraine. Blessé, il a ensuite été affecté à la Bauleitung d'Auschwitz II-Birkenau pendant un an, la direction des constructions, en tant qu'ingénieur architecte. Touché aux jambes, papa avait du mal à se déplacer. Il conseillait l'administration du camp, notamment sur des questions qu'il jugeait purement techniques, m'a dit ma mère, comme la combustion des cadavres en fonction du volume d'air disponible dans les crématoires. Le genre de problème très pratique qui, aux yeux de mes parents, ne soulevait aucun enjeu éthique.

— Ta mère y était aussi, là-bas ?

— Non, et moi non plus. Je n'y ai jamais été. Ma grand-mère me gardait à Dresde, dans notre baraque de famille, sur la rive du Danube qui n'a pas brûlé. Zac ne t'a jamais parlé de tout ça ?

— Non, ai-je répondu, abasourdi. Peut-être vaut-il mieux qu'il ne sache pas que je sais.

— Peut-être bien. Chacun fait comme il peut avec cette mémoire-là…

Soudain, je compris pourquoi Zac connaissait si bien cette période – notamment le destin de Speer, l'ancien patron et modèle de son grand-père – et les mille détails de la psychologie de ceux qui furent magnétisés par l'espérance national-socialiste. Dans notre infortune, nous étions presque à égalité : j'avais mon vichyste en réserve, il avait sa dévote du III^e Reich, sa chienne de garde de l'hitlérisme conservée dans la laine brune et mitée de ses uniformes. Sans parler de son grand-père tueur de Juifs, suicidé en avril 1945 pour ne jamais sortir de son rêve aryen. Chacun à sa façon, nos aïeux avaient participé au pire de manière centrale. Le Nain Jaune et sa grand-mère, en quête d'idéalisme frissonnant, avaient répondu à des aspirations qui avaient constitué l'ardeur même de leur être. Certes, le grand ensorcellement du nazisme n'avait que peu de chose à voir avec la contrition expiatoire un peu minable du pétainisme, mais ces gens si corrects n'avaient-ils pas trouvé dans leur dévouement une manière de s'offrir sans frein et d'espérer follement ? En honorant ce qui leur paraissait essentiel : l'un une souveraineté esquintée, l'autre le culte de sa race. Deux passions nationales auxquelles ils s'étaient livrés comme on succombe à une passion érotique ; en donnant un sens quasi mystique à l'engagement qui les avait fait sortir des sillons de la vie étroite qu'ils avaient connue avant-guerre. Comment eussent-ils vu quelque chose d'infâmant dans un tel don de leur personne ? L'antisémitisme n'était-il pas une part toute naturelle de leur combat moral et non quelque chose de malsonnant dans la culture qui donnait alors sens à leur action ? Et un sujet bien inintéressant : penser au sort des Juifs devait réveiller en eux une mauvaise conscience.

Dans le grand salon des Frank, je restai tout de même stupéfait que Zac m'eût dissimulé son ascendance. Probablement inassumable pour ce Juif de cœur, ahuri d'être ce qu'il était biologiquement ; prisonnier d'une ethnie hitlérienne.

Comment le papa de Zac avait-il pu épouser Leni, descendante directe de l'horreur ? Même si elle s'était montrée apte à trahir les siens, à révoquer ses globules. Les êtres ont leur opacité.

— Zac a-t-il eu de vraies relations suivies avec sa grand-mère ? ai-je alors demandé à Leni.

— Pas à ma connaissance.

— Ils se connaissent ?

— À travers moi.

J'étais soufflé. Comment Zac avait-il pu ne pas engager cette fameuse conversation loyale et non biaisée avec sa nazie alors que moi, de mon côté, j'avais toujours regretté de n'avoir pas pu m'entretenir sportivement avec le Nain Jaune ? Avec le rêve de savoir enfin par le détail comment quelqu'un comme lui, si facilement enivré de charité, était parvenu à se convaincre – notamment le matin du 16 juillet 1942 – que ce qu'il couvrait de son autorité était bon. Aurait-il consenti à en rabattre sur sa prétendue ignorance de la Shoah ? Et à démêler l'écheveau de ses erreurs tragiques ? Se serait-il sorti d'affaire en invoquant un malentendu, histoire de couvrir une brusque volte-face ? Ou se serait-il enlisé dans une orgueilleuse dénégation en mégotant chacun de mes arguments ? En étouffant, avec bonne foi, sa mauvaise conscience politique...

Je n'en revenais pas que Zac se soit dérobé.

# Le rapport Sadosky

Le besoin de réparer se renforça en moi à chaque fois que je dénichais, au hasard de mes lectures, une preuve que le Nain Jaune aurait pu être informé de la destination réelle des trains bondés de la déportation.

Longtemps je me suis demandé ce que savaient sur le sort des Juifs déportés, à l'été 1942, les Renseignements généraux de la préfecture de Police de Paris – qui surveillaient tout ce qui respirait dans la capitale – ou le 2ᵉ bureau de l'avenue de Tourville. Deux outils majeurs d'information auxquels avait accès le très puissant directeur de cabinet de Pierre Laval.

Et un jour, le voile se déchira.

Un document déterré par l'historien Laurent Joly dans un dossier judiciaire d'épuration fut publié à Paris en novembre 2009. Il acheva de me tournebouler. Ce livre capital [1], sorti sans susciter

---

1. *Berlin 1942, chronique d'une détention par la Gestapo*, CNRS éditions.

de tsunami médiatique, fait craquer l'ultime digue de défense du Nain Jaune en confirmant que l'exécutif vichyste, lors des grandes rafles de l'été 1942, était à même de connaître l'ampleur de la destruction des Juifs d'Europe ; par un canal qui, pour tout gouvernement, reste digne de considération : les Renseignements généraux. Le cabinet de Laval était même en mesure d'en apprendre une partie du calendrier. Cet ouvrage très bien présenté par Joly est essentiellement constitué du rapport rédigé par un certain Louis Sadosky, inspecteur principal adjoint des RG (au sein de la SSR, section spéciale de recherche, rebaptisée 3ᵉ section en 1941), qui fut remis le 20 juillet 1942 à son supérieur, le commissaire Lanteaume. Mais le contenu de ce texte avait bien dû être évoqué lors de son débriefing à la préfecture de Paris deux mois auparavant puisque Lanteaume l'avait prié de l'écrire sans rien omettre, et en prenant tout son temps : son importance ne lui avait pas échappé.

Le brigadier-chef Sadosky avait été, du 2 avril au 8 mai 1942, embarqué par la Gestapo à Berlin, au Polizeipräsidium de Berlin (préfecture de Police), où il fut interrogé en tant que prisonnier-témoin – un statut équivoque qui lui valut une détention douce – afin d'éclaircir une banale affaire d'agent double ; en raison de sa connaissance très fouillée des « colonies » étrangères établies en France (notamment des milieux allemands antinazis).

Son rapport manuscrit (qui ne peut donc être soupçonné de traficotages ultérieurs) nous permet de suivre l'odyssée d'un agent des Renseignements généraux – collaborationniste à courte vue, également chargé du « rayon juif » – au cœur de l'appareil répressif nazi : à la sinistre « Alex » (le bâtiment, dont une aile était occupée par la Gestapo, donnait sur l'Alexanderplatz). Ces pages tiennent à la fois de la confession chagrine, du compte rendu circonstancié très précis, du plaidoyer justificatif (contre quel lâchage les Allemands l'ont-ils relâché ?) et du documentaire sur ce que pensaient ou racontaient à cette date les sous-officiers de la Gestapo. Incroyablement bavards ; comme si le pire avait déjà été intégré à la norme culturelle de ces policiers qui, en service, ne prenaient même plus la peine de tenir leur langue devant un agent français.

En novembre 2009, en pleine sortie de la suite de *Fanfan* (*Quinze ans après*), je lisais ce livre étrange entre deux interviews avec malaise lorsque, de battre, mon cœur s'arrêta net. Pages 137 et 138, le peu sympathique Sadosky rapporte – en vrai professionnel dénué d'affect – une conversation dont il semble ne pas mesurer la portée ; tant, dans le contexte berlinois, elle a l'air de couler de source et, déjà, de ne plus choquer personne.

Deux inspecteurs, sous-officiers de la Gestapo, Anders et Synak, l'ont fort amicalement emmené visiter ce qui subsiste d'un quartier juif de Berlin où des gens en sursis errent « marchant rapidement, tête baissée, comme des personnes craintives et honteuses » (*sic*). L'un des deux gestapistes, très au fait des chiffres, indique à l'agent français qu'il reste encore 63 000 Juifs à Berlin et il ajoute (les mots sont tirés du rapport) :

« Chaque jour, des convois de Juifs sont formés à destination de l'Est et nous pensons qu'en 1943 il ne restera plus un seul Juif à Berlin.

— Où les conduit-on ? demande Sadosky.

— Dans le Gouvernement général [portion de la Pologne non intégrée au Reich].

— Le gouvernement allemand n'aurait-il pas l'intention de créer dans le Gouvernement général un ghetto universel ?

— Oh non, lui répond bravement l'inspecteur SS, ce n'est pas l'intention du chancelier Hitler, mais au contraire *celle de la destruction complète et à jamais de la race* [*sic*]. Dans le Gouvernement général, les Juifs ne vivent pas longtemps » (fin de la citation).

Sadosky ne sursaute pas.

Tout cela est dit avec un tel naturel…

Il vient d'apprendre, mi-avril 1942, l'existence de la Solution finale de la bouche d'un agent de la Gestapo du service IV E 3. Sadosky déglutit à peine, en prend acte et passe à un autre sujet ; comme si ce n'était pas capital à ses yeux.

Ce rapport, remis deux mois plus tard au commissaire Marc Lanteaume – déporté près de trois années en Allemagne – n'a pas été déposé dans un vague grenier mais bien réclamé par l'un des chefs des RG à Paris, qui a laissé à son auteur suffisamment de disponibilité pour le rédiger avec sérieux. Au cœur même de l'appareil de renseignements français. Le Nain Jaune pouvait donc avoir accès à cette information ; à condition de la réclamer aux RG. Le brigadier-chef Sadosky, policier scrupuleux, a continué par la suite à traquer des Juifs sur le sol français et à les faire déporter en pleine connaissance de cause. Cet incroyable rapport, établi avec une minutie toute professionnelle comme le note Joly (*j'ai vu*, *on m'a rapporté que*, etc.), en atteste. L'État vichyste – à la préfecture de Paris en tout cas – savait pertinemment ce qu'il advenait des déportés juifs ; donc Laval savait ou à tout le moins pouvait savoir.

Ce qui donne une tout autre couleur aux propos émouvants du Nain Jaune à ma sœur Nathalie : « Ma chérie, je ne savais pas où allaient les trains… » Si c'est vrai, pourquoi Jean n'a-t-il pas donné un coup de téléphone aux Renseignements généraux ? Ils étaient tenus de lui répondre. Ou, s'il l'a lancé, cet appel, comment a-t-il ensuite pu continuer à collaborer ? À moins qu'il l'ait appris et qu'il ait préféré ne pas croire Sadosky… pour ne pas remettre en question l'économie générale de ses croyances, de ses fidélités et de son engagement. Un doute sérieux lui eût sans doute coûté sa raison d'être.

Pourtant, la protestation très officielle du Consistoire central des Israélites de France, adressée au chef du gouvernement français et datée du 25 août 1942[1], est aussi lucide qu'abrupte : « Le Consistoire central ne peut avoir aucun doute sur le sort final qui attend les déportés, après qu'ils eurent subi un affreux martyre. Le Chancelier du Reich n'a-t-il pas déclaré dans son message du 24 février 1942 : "Ma prophétie, suivant laquelle au cours de cette guerre, ce ne sera pas l'humanité aryenne qui sera anéantie, mais les Juifs qui seront exterminés, s'accomplira (…)." Ce programme d'extermination a été méthodiquement appliqué en Allemagne et dans les pays occupés par elle, puisqu'il a été établi par des informations précises et concordantes que plusieurs centaines de milliers d'Israélites ont été massacrés en Europe orientale (…). Les personnes livrées par le Gouvernement français ont été rassemblées sans aucune discrimination, quant à leurs aptitudes physiques, que parmi elles figurent des vieillards, des femmes enceintes, des enfants confirme que ce n'est pas en vue d'utiliser les déportés comme main-d'œuvre (…), mais dans l'intention bien arrêtée de les exterminer

---

1. Disponible au Mémorial de la Shoah (Fonds FSJF, titre : lettre, datée du 25/08/1942, de Jacques Helbronner, président du Consistoire central, adressée à Pierre Laval, chef du gouvernement français, au sujet du sort des Juifs étrangers, cote : CCXIII-15_001, mention obligatoire : C.D.J.C.) ou dans son intégralité via le site du Mémorial à l'adresse suivante : http://mms.pegasis.fr/jsp/core/MmsRedirector. jsp ?id=1258496&type=NOTICE#

impitoyablement et méthodiquement (…). » Jean Jardin eut-il le cœur de lire et de méditer cette lettre coupante, longue de quatre pages et argumentée, reçue au cabinet de Laval fin août 1942 ? L'une de ses fonctions – si l'on en croit son biographe Pierre Assouline – n'était-elle pas d'examiner le courrier envoyé au chef du gouvernement pour en extraire les documents jugés urgents ? D'autant plus que Jean connaissait personnellement son auteur.

Pour ma part, j'incline fortement à penser que le Nain Jaune chercha à connaître la destination des trains de la déportation ; car Robert Kiefe (secrétaire général du Consistoire central de l'époque) signale dans ses fameux carnets que Jean Jardin lui a demandé de « lui fournir des précisions sur le massacre de 11 000 Juifs en Pologne par gaz toxique ». Cette information fut même publiée dans la courageuse revue *J'accuse* (n° 2, octobre 1942), émanation du MNCR (Mouvement national contre le racisme) qui cherchait depuis la fin juin 1942 à sensibiliser les Français aux « menées antijuives ». On ignore si Kiefe écrivit ou non la lettre réclamée par Jean ; mais cette demande étonnamment précise de renseignements indique qu'après l'été 1942 il se doutait clairement de quelque chose. Donc qu'une partie de lui avait déjà admis la possibilité de l'horreur. Personne ne doute dans le vide, surtout quand on est à même de préciser au secrétaire général du Consistoire français : « 11 000 Juifs en Pologne par gaz toxique ». Ces trois mot – Juifs, Pologne et gaz – en disent trop ou pas assez [1].

Mais le plus incroyable dans le destin de cet accablant rapport Sadosky reste peut-être le fait qu'il ait été, pendant aussi longtemps, étrangement invisible – comme le Boudin des Frank, trop visible pour être vu ; même lorsque Sadosky, un traqueur de Juifs borné, fut traduit devant ses juges épurateurs à la Libération. Ces derniers disposaient de ce document très incriminant pour lui – le policier Sadosky avait donc remis ses proies juives aux Allemands en sachant parfaitement qu'elles étaient destinées à être liquidées – *mais ils ne virent pas ce qui y était explicitement rapporté.* Un peu comme l'historien Laurent Joly, pourtant très affûté, qui eut certes le flair extraordinaire de retrouver cette liasse manuscrite dans le dossier judiciaire Sadosky aux Archives nationales mais qui, en page 31 de l'ouvrage publié par le CNRS, en conclut – avec une prudence d'historien qui l'honore – que ce rapport confirme que la Shoah était sue dès le printemps 1942 par de modestes sous-officiers SS et qu'il accable... cette fripouille de Sadosky.

Sans affirmer que ce témoignage fondamental prouve surtout que Vichy pouvait savoir ou savait ;

---

1. Cette affaire de demande de renseignements par Jean Jardin est mentionnée dans l'ouvrage du très sérieux Adam Rayski : *Le Choix des Juifs sous Vichy. Entre soumission et résistance*, La Découverte (page 133).

car, jusqu'à preuve du contraire, il entre dans les obligations des Renseignements généraux de renseigner le chef du gouvernement.

Mais si Joly semble ne pas insister sur ce qui me frappe, moi, dans son document majeur (tout en reproduisant en fac-similé les pages manuscrites clés du rapport Sadosky), sans doute est-ce tout simplement parce que sa névrose – nous en avons tous ! – est distincte de la mienne. Mon hérédité blessée m'a rendu si sensible à ces interrogations ! Sommes-nous tous condamnés à ne percevoir que ce qui résonne avec nos douleurs ? À moins que Laurent Joly, en historien émérite, n'ait pas tiré les mêmes conclusions que moi par souci d'éviter un anachronisme ; car cette révélation fracassante passe bien dans le récit de Sadosky pour quelque chose de quasi normal, ne méritant aucun étonnement.

Lorsque j'ai refermé ce livre désespérant, j'ai repris le combat pour développer *Lire et faire lire*. À marche forcée. Il me fallait une dose d'espoir, de réparation aussi. Un jour, nous réussirons à faire des Français un peuple du Livre.

## De la nécessité de trahir

Trois grands traîtres ont gouverné mes songes : Charles de Gaulle, le Portugais Gil Eanes et le Mahatma Gandhi. Je leur dois une passion folle pour la renaissance, fût-ce au prix d'une rupture sans appel avec les croyances de leur milieu d'origine ou d'adoption. Sans doute sommes-nous constitués de nos admirations plus que de nos gènes.

Le 18 juin 1940, qu'accomplit de Gaulle ? Il rompt avec la culture d'obéissance qui lui a été inculquée depuis l'enfance, avec sa caste militaire qui se range d'un seul homme sous le pavillon de la collaboration. Toute la France catholique et maurrassienne, ou presque, se dandine dans le sillage du maréchal Pétain ; lui se dresse contre son ancien chef. Culturellement, de Gaulle ne devait pas être à Londres ; il y est pourtant. Né dans une famille conservatrice sensible à la mystique de l'Empire, il ne devait pas non plus être le grand décolonisateur qu'il se révélera être. Anticommuniste de famille, il gouverne avec le Parti communiste à la Libération. Sans cesse, il s'arrache à ses déterminismes. Homme de toutes les rigidités privées, il se découvre surdoué de la trahison politique dès que l'intérêt général le commande. Les pieds-noirs en savent quelque chose. Sans cette aptitude exceptionnelle à liquider ses anciennes fidélités, que serait devenue la France ?

Au XVᵉ siècle, Gil Eanes est le premier navigateur occidental à doubler le *cabo Bojador* dit *cap de la Peur*, situé au large du Maroc méridional. Pendant deux mille ans, les Européens y ont vu la limite physique du monde, le cap effrayant au-delà duquel on tombait dans le vide ou on sombrait dans une insondable mer de ténèbres. Ce mur psychologique, supposément infranchissable, est pourtant enfoncé en mai 1434 par Gil Eanes, un capitaine portugais qui, le premier, ose transgresser cette trouille multiséculaire en s'aventurant le long de la côte africaine. Il récuse tout ce que son père marin lui a enseigné, désobéit aux mythes anciens qui avaient alors statut de vérités et ouvre la route aux grandes explorations. En 1434, cet infidèle à l'héritage occidental fait renaître le monde. Gil Eanes n'a pas cru à la vérité de ses pères et pairs. Nous devons à son incroyable déloyauté une Terre ronde.

Ce culotté m'a fait aimer l'idée de franchir tous les caps de la Peur.

Quant à l'intrépide Gandhi, il brave avec détermination l'opinion de sa caste – qui le répudie pour cela – en s'embarquant en 1888 pour aller suivre des études de droit à Londres. Placé immédiatement hors caste par le chef de sa communauté, il ose devenir lui-même en se coulant pendant cinq ans dans le moule du parfait gentleman britannique. Puis, admis au barreau d'Angleterre et du pays de Galles, Gandhi divorce d'avec sa nouvelle classe blanche privilégiée et file s'établir en Afrique du Sud où il rompra avec ses intérêts en s'engageant dans un combat qui fera de lui le libérateur de six cents millions d'Indiens. Nettoyant lui-même ses latrines (tâche strictement réservée aux intouchables), il ne cesse d'enfreindre les dogmes de la nation dont il se fait le héraut. Indépendantiste intensément paradoxal, il exige de ses troupes (renâclantes) une participation sans état d'âme à l'effort de guerre britannique. Sans son génie de l'infidélité, sans doute n'aurait-il pas rejoint des fidélités supérieures.

J'aime ces félons de beau calibre, ces adeptes du coup de grisou identitaire qui, par-delà les apparences, s'inscrivent dans des fidélités profondes. Et si l'avenir était aux traîtres ?

## Mort d'un ami

Le 11 septembre 2001, l'incroyable s'engouffra dans nos téléviseurs. Je voulus aussitôt y voir un événement faisant écho aux transes disciplinées de Nuremberg. Ce n'était pas tant la scène filmée – qui repassait en boucle sur nos écrans, donnant la sensation d'un chaos toujours recommencé – qui m'imposa sa charge émotionnelle que la sensation d'être à nouveau en présence de l'impensable. Ce pataquès aérien respirait la rumination politique d'exception, ourdie par des âmes mirobolantes. L'odeur du tout est possible flottait à nouveau sur le réel.

Comme lorsque Hitler imagina de remodeler la biologie humaine.

Tout en donnant à l'Allemagne l'habitude de ne décider que des choses déraisonnables.

Mais le plus saisissant pour moi ne survint que le lendemain du jour où les Twin Towers s'effondrèrent en poudre. En tout début de soirée, encore étourdi par ce tourniquet d'émotions planétaires, je reçus un appel couperet de Leni Frank. Sa voix était blanche :

— Zac vient de mourir à New York.

— Dans les tours ?

— Non, accident cardiaque.

— Pardon ?

— Son cœur a lâché d'un coup, pendant qu'il dormait. Trop gros sans doute. Tout Zac…

Ce soir-là, frappé à l'os, je n'ai rien dit à mon entourage.

J'avais trop mal pour être triste.

J'ai même ri abondamment, pour ligaturer mon chagrin.

Depuis l'adolescence, notre amitié était restée inapparente ; dans les coulisses de nos vies surmenées. Notre lien avait été entièrement dédié à nos échanges véhéments sur le pire. Zac me désidérait de ma honte. Nous n'avions pas su nous accrocher autrement.

Et il s'en allait fortuitement, sans que nous ayons jamais osé parler de sa grand-mère, encore vivante, et de son brumeux grand-père SS mort en 1945. Légataires de souvenirs assourdissants, nous n'avions pas su aborder le dossier de sa propre culpabilité. En s'occupant de la mienne, avait-il pris soin de la sienne ? S'était-il chargé d'éclairer ma conscience pour approcher en biais ses propres interrogations ?

À l'enterrement, dans le cimetière juif de Bagneux, près de Paris, le clan des Frank était là, enlacé. Détruit par le séisme d'un étrange lendemain du 11-Septembre où Ben Laden n'avait aucune part. Zac n'avait pas eu de fils (ni d'enfant) pour réciter le kaddish ; comme s'il avait – consciemment ? – renoncé à perpétuer son lignage difficile. Stériliser son ADN partiellement nazi semblait avoir été sa réponse instinctive.

Seule, une très vieille dame se trouvait à l'écart, engoncée dans une chaise roulante poussée par une infirmière solennelle. Elle avait fait le voyage depuis Montreux, en Suisse : c'était Eva, sa grand-mère allemande exilée au pied des Alpes, en un lieu aussi pur qu'avait été glauque et violent son passé. L'hitlérienne de la famille se tenait digne et droite comme un cri, en retrait, ne demandant rien. Elle pleurait.

En sortant du cimetière, l'octogénaire est venue directement vers moi et m'a interpellé de sa voix étrange. Elle possédait, dans les harmoniques, un vibrato qui trahissait le côté construit de son élocution ; comme si elle s'était contrainte, de longue date, à dompter son accent germanique :

— Vous êtes Alexandre, le petit-fils du Nain Jaune ?

— Oui.

— Zac m'a beaucoup parlé de vous. Avec fièvre. Si vous passez par Vevey, appelez-moi. Ça me fera plaisir. Je connais beaucoup de choses sur vos antécédents : même l'emplacement de la tombe du Nain Jaune !

Je suis resté blanc que Zac et elle aient pu entretenir des échanges clandestins ; totalement insoupçonnés par sa mère à qui il avait menti. La vieille main d'Eva a logé au creux de la mienne un morceau de papier plié. Elle y avait griffonné son numéro de téléphone.

Pendant sept ans, je ne l'ai pas composé.

Comment parler avec une nazie non repentie ?

# III

## Entretien avec le pire

## Zac m'aurait dit

Chez moi, les retours du passé ont souvent des passeports helvétiques. Au printemps 2008, je suis invité au Salon du livre de Genève. À l'heure du souper, on me convie à un dîner littéraire où je vais devoir faire la causette à des gens bien sous tous rapports. Pourquoi ai-je accepté ?

On m'installe à une table élégante, en compagnie d'individus frottés de culture et propres sur eux. Très courtois. Capables de s'ennuyer en parlant. Exactement l'ethnie sociale fortunée qui me met mal à l'aise. J'aime tant les zèbres qui n'appartiennent qu'à eux-mêmes et qui s'éclipsent du jeu social. Les amateurs d'improbable. Une vieille dame vient s'asseoir près de moi et me susurre :

— Je suis sûre que vous auriez préféré une voisine plus jeune. Mais j'ai intrigué pour être à votre table !

Pendant une bonne heure, je tombe sous le charme de son babil insolent, de ses saillies toniques, fugitivement ironiques. Un regard aigu dans une physionomie polie. Des yeux comme des poings serrés. Un accent tchèque maquille ses paroles genevoises et les farde d'une étrange douleur. Mais elle rit tant que je crois en sa bonne humeur ; quand, au détour d'un trait hilarant, elle me lance sept mots qui me clouent :

— J'ai passé deux ans à Auschwitz.

— Ah… ai-je pâli.

— Oui, fait-elle en m'indiquant son tatouage bleuté qui flotte sous la peau translucide de son avant-bras gauche.

— Comment suis-je censé vivre les minutes qui suivent en face de vous ?

— Avec naturel. Les vents contraires font partie de la vie. Ils font notre force.

— Je ne sais pas.

— Ce n'était pas une question mais la constatation qui me vient à l'esprit en vous regardant, jeune homme.

— Que voulez-vous dire ?

— Vos vents contraires ne vous ont pas trop mal réussi !

Dois-je avouer à cette miraculée que je suis le petit-fils de Vichy ?

Sans doute le sait-elle ; ou s'en fiche-t-elle…

Peut-être devine-t-elle que mon hérédité sale est aussi un défi.

Sans doute moins difficile à relever que ceux qu'elle dut affronter en serrant les dents. Et en soignant ses lassitudes. Mes questions sur sa vie fusent. Elle n'a plus l'âge d'être sottement pudique ; elle l'est avec justesse et liberté. Le sourire aux lèvres, elle me raconte les bat-flanc étagés de la déportation, la faim, le froid blanc surtout ; les organes de la digestion endormis plutôt qu'en panne sèche. Et l'incroyable légèreté de son corps fluet en avril 1945, lorsqu'elle résolut de regagner Prague au plus vite – avec sa mère et sa sœur également survivantes – portée par l'espoir, vain, de retrouver son père. Grillé, comme les autres. Puis l'effroi devant les bottes russes qui ressemblaient à d'autres bottes déjà vues ; et la fuite vers Israël enfin, à pied. Avant d'être instantanément incorporée, à l'arrivée, dans l'armée de cet État naissant et rude qui n'avait alors pas les moyens de s'attendrir sur elle. L'urgence était au courage, pas à la compassion. Puis elle me confie son besoin tardif, très tardif même, de parler et d'accompagner chaque année des enfants suisses à Auschwitz, en hiver pour qu'ils sentent le froid polonais.

Je l'écoute, gêné d'être qui je suis.

Sa séduction ridée me touche. Sa vitalité me décoiffe.

À la fin du repas, je lui demande son numéro de téléphone.

— Pourquoi donc ?

— Pour vous revoir.

— Pourquoi ? La rencontre n'a-t-elle pas eu lieu ? Que voulez-vous de plus ?

L'intelligence de cette parole m'a saisi. Cette ancienne jeune fille souriante savait honorer l'instant.

Le soir, seul dans mon lit suisse, je me suis alors demandé quels instants clés j'avais pu esquiver dans ma vie essoufflée ; et dans mon carnet de téléphone, j'ai retrouvé le numéro d'Eva, la grand-mère de Zac. Celle dont le mari aryen, bombé de fierté, avait peut-être croisé à Auschwitz ma vieille Praguoise qui savait si bien vivre. Sans même noter qu'il s'agissait d'un être humain ; en prenant cette chétive Häftling (détenue) pour un monstre déguisé en femme, une ambassadrice du mal qu'il était légitime d'anéantir.

Comment avais-je pu passer à côté d'Eva alors que j'avais déjà raté, à quelques années près, ma conversation loyale avec le Nain Jaune ? Zac ne m'aurait-il pas crié de courir à Montreux ? À une heure et quelques kilomètres de ma chambre d'hôtel.

Née en 1917, vivait-elle encore ?

## Montreux, terminus

— Vous en avez mis du temps à m'appeler, me répondit Eva au téléphone.

— Pourquoi vouliez-vous me voir ?

— Pour vous délivrer d'un certain passé. Zac m'a parlé de votre amitié. Je crois que vous raisonnez faux au sujet de votre grand-père, ou plutôt à l'envers.

— Qu'en savez-vous ?

— Ceux qui ne se sont pas brûlé les ailes ignorent tout du feu.

Trois jours plus tard, j'étais à Montreux.

J'allais passer de la survivante tchèque à la nazie prolongée.

À défaut de me colleter avec mon propre grand-père, j'affronterais la grand-mère de Zac ; avec un malaise vif que j'avais sous-estimé.

Nous nous étions donné rendez-vous au bar désuet du Montreux-Palace que je connaissais depuis mon enfance, là où l'écrivain Nabokov avait jadis ses habitudes helvétiques. Je ne voulais pas être accueilli chez elle, consentir à une excessive familiarité. Ni m'étendre sur le canapé moelleux de cette retraitée du nazisme qui, aux dires de Leni, n'était toujours pas sortie de sa nuit mentale.

Sa tête précise et ridée m'aperçut dès que je foulai le sol du bar de l'hôtel. Pas le genre à s'autoriser une canne à quatre-vingt-onze ans. Je frémis à l'aimable sourire d'Eva ; comme si j'avais redouté de recevoir la plus petite parcelle d'affection de cette créature-là ; beaucoup trop sympathique à mon goût.

— Bonjour, monsieur l'ami de Zac, me lança-t-elle, amidonnée et en affectant une bonne humeur polie. Aujourd'hui, nous parlerons sans peur !

Cette introduction étrange m'est restée.

— Peur... de la vérité ?

— Non, de moi. Je sais bien que je vous inspire une certaine crainte. Moi, mon mari si sincère, notre foi ancienne. L'aptitude que j'ai eue, jadis, à mourir à moi-même, à me détacher de mon moi pour me fondre dans un tout, ça peut terrifier. Je le comprends...

— Zac avait peur de vous ?

— Il me haïssait et je l'aimais, articula-t-elle très lentement.

En face d'Eva, je me sentis pris dans un inquiétant tourbillon de gentillesse et de dureté extrême, de générosité et d'acidité. Sa courtoisie même me mettait mal à l'aise. Je ne pouvais pas m'empêcher de penser qu'elle en avait été, de cette racaille national-socialiste.

— Avait-il raison ? ai-je alors balbutié.

— Tout me paraît bon pour la défense, excepté la lâcheté, comme disait votre Brasillach[1] ! s'exclame-t-elle en ricanant de ses lèvres fines, en couteau. Je ne suis pas du genre à renoncer à qui je suis, autant vous le dire tout de suite. Je serais plutôt du genre à cultiver une bonne foi exigeante. Comme votre grand-père que j'ai croisé une fois, chez les Morand, à Vevey. Au château de l'Aile. Du temps d'Hélène Morand.

— Des gens très bien tout ça… Brasillach, les Morand, Jean !

— Oui, me coupe-t-elle pour arrêter net mon ironie. Des gens très bien. Surtout votre Nain Jaune, un homme d'une grande virilité morale.

— Venant de vous, je le prends plutôt mal.

La suite est plus floue ; car je fus soudainement saisi par une émotion croissante, un trouble qui brouille encore en partie ma mémoire.

— Eh bien vous avez tort, mon petit, reprit-elle sans doute. Nous avons été des gens très corrects, sans quoi nous n'aurions pas été aussi dangereux. Chacun à notre place.

---

1. Écrivain collaborationniste qui restera comme la honte du talent français. Les capacités sont sans doute, comme disait de Gaulle, des titres de responsabilité ; car un grand style, c'est une arme qui porte.

— Je ne crois pas convenable de confondre votre cas, celui de votre mari et celui du Nain Jaune.

— Pourtant, dans ces trois cas, il a fallu mobiliser beaucoup de morale pour que nous agissions avec autant de désintéressement et de dévouement complet. Notre génération n'avait pas d'autre rêve que de se sacrifier à un idéal, pas celui d'acheter des paires de Nike, lança-t-elle.

Cette réplique m'a frappé et s'est inscrite en moi. Son mépris marqué pour la société de consommation semblait si acéré. Le dialogue qui suit est reconstitué, mais il rend bien compte de la permanence de son point de vue.

— Où était l'idéal à Vichy ?

— Pour votre grand-père, il ne fut question – il me semble – que de se sacrifier. Ce verbe désuet vous fait peut-être sourire à présent que le cynisme se porte bien ; mais il y avait chez lui, si mon souvenir est exact, une forme de noblesse à mener une existence détachée, à avoir *fait don de sa personne*, comme on disait. Et à avoir transformé sa foi politique en une force protectrice pour les autres.

— Protectrice pour qui ?

— J'ai lu la biographie française qu'un Juif lui a consacrée.

— Un ami, ai-je précisé.

— Le Nain Jaune aurait pu quitter Vichy beaucoup plus tôt s'il n'avait songé qu'à ses petits intérêts privés. Sans doute a-t-il pensé bien agir.

— En livrant les enfants du Vél d'Hiv ?

Sa réponse me revient soudain avec netteté :

— Mon mari a bien exécuté des Israélites en pensant faire le bien, un bien que nous jugions alors indiscutable. Puisque les Juifs nous apparaissaient comme la matière première de tout ce qui était négatif, comme on disait alors. Mon mari extirpait le mal d'Allemagne, ne l'oubliez pas. Défendre les Juifs à l'époque aurait donné le sentiment d'être un *innerer Schweinehund*, un véritable salaud !

Il y a un certain frisson qui prend à la racine des cheveux : il me traversa.

À cet instant, nos voisins dans le bar de l'hôtel m'adressèrent un regard d'effroi, murmurèrent quelques mots et migrèrent à l'autre bout de l'établissement. Ils avaient entendu Eva qui, dure d'oreille, parlait haut. Ma gêne fut alors telle qu'à nouveau ma mémoire s'embrouille et perd en acuité ; mais Eva, très à son aise, poursuivit en prenant une expression qui combinait mystère et nostalgie :

— Et puis, pourquoi n'aurions-nous pas le droit de dire aujourd'hui, avec reconnaissance, que cette époque fut grande et belle ? Même si nous avons fait fausse route, indéniablement, nous n'étions pas les plus mauvais de notre génération.

Oui, elle osa bien cette phrase : nous n'étions pas les plus mauvais de notre génération.

— Qu'est-ce qui était grand et beau dans cette faillite morale complète ? lui ai-je demandé, estomaqué.

Eva entreprit alors de me convaincre, avec une déconcertante conviction, que je raisonnais en inversant tout au sujet du Nain Jaune. Zac lui avait fait part de mes répulsions et de mes attaques réitérées contre mon propre sang ; attitudes qui lui paraissaient inappropriées car fondées sur une perception fausse de ce qu'avait représenté pour leur génération la révolution hitlérienne. Le nazisme, selon Eva, n'avait pas d'abord été un feuilleton du mal mais un autre bien agissant, une morale ambitieuse qui voulait détruire l'ancienne et le pouvoir obscène de la réalité. Et une joie déferlante. Même si, lors des grands procès d'après-guerre, les gradés de l'horreur, jouant leur peau, avaient adopté un profil bas et banal, une attitude prudente où jamais ne transparaissait la satisfaction à peine croyable qu'ils avaient prise à être nazis, à refaire le réel et à défier notre culture.

— C'est avec ce régime-là, fascinant, auréolé d'audaces et ivre d'efficacité, que votre grand-père a d'abord collaboré. Avec des gens pour qui tout était possible ; sans que personne comprît au départ que du tout est possible au tout est permis, il n'y avait qu'un pas. En serrant la main d'Hitler, vos « collabos » ne voyaient pas Auschwitz mais un régime créateur, une jeunesse du monde. Personne n'imagine aujourd'hui la force d'attraction émotionnelle du nazisme, qui semblait irrésistible !

— Et l'antisémitisme, qu'en faites-vous ?

— Je crois que ça n'intéressait pas votre grand-père, ni personne d'ailleurs. Comme ça ne retenait pas non plus mon attention, parce que cela réveillait trop notre mauvaise conscience.

— Mais enfin, c'est quand même un petit peu court de dire que les Juifs ne vous intéressaient pas…

— Peut-être mais c'est la vérité : les Juifs n'intéressaient personne en dehors des nazis. Même les Américains ne voulaient pas en entendre parler. Ils ont maintenu jusqu'en 1945 des règles d'immigration qui interdisaient quasiment aux Juifs européens, *notamment allemands*, de se réfugier en Amérique. Sauf les cerveaux utiles : Einstein et une poignée d'autres. Les dossiers d'immigration réclamés par l'administration américaine exigeaient, je vous le rappelle, une attestation de bonne conduite délivrée par les autorités de police du pays d'origine ! Comme si un Juif allemand avait eu le loisir de faire un saut à la Gestapo locale pour se faire tamponner ce genre de papier… Personne ne voulait voir les Juifs. Ils écœuraient l'Occident !

Ce premier contact me fut soudain si insupportable que mes nerfs cédèrent. Impossible de demeurer plus longtemps dans ce bar d'hôtel avec cette nazie qui claironnait ses théories abjectes. J'écourtai notre entretien et partis marcher seul sur les quais de Montreux, jusqu'à Clarens. Histoire de me nettoyer en avalant à grandes lampées de l'oxygène suisse. Humilié d'avoir écouté ces paroles, j'avais besoin de côtoyer ce lac déshabité. M'être affiché ainsi à ses côtés, en digne petit-fils du Nain Jaune, m'avait assez crucifié.

J'étais ahuri de honte de m'être prêté à ce dialogue.

Incapable d'en parler autour de moi.

Mais je demeurai intensément frustré de n'avoir pas eu le cran d'approfondir notre entretien ; ou de le renouveler. Mon corps s'y refusait. Pourtant, une question ne cessait de m'accaparer : comment le Nain Jaune, Eva et son mari – chacun à des stades bien distincts de l'anéantissement – avaient-ils pu demeurer inaccessibles au sentiment d'avoir péché ?

C'est Leni qui acheva de m'éclairer en me rapportant une conversation qu'elle avait eue avec sa mère. Les mêmes interrogations harcelaient sa conscience meurtrie. La vraie confiance qu'elle me fit en me rapportant en détail cette discussion me donna le sentiment que Leni, fauchée par le décès de Zac, me regardait désormais comme un substitut de fils.

Refouler ? Pourquoi diable ?

La vieille nazie prolongée avait reçu sa fille unique chez elle : un modeste deux-pièces sur les hauts de Montreux qu'entretenait une aide ménagère ottomane avec qui elle conversait en allemand. Au-dessus d'un buffet trônait, paraît-il, une petite photo qui la paniqua : un portrait de son géniteur hilare en grande tenue SS. Le grand-père de Zac donc. Leni me raconta que sa première question sur le refoulement des nazis avait laissé Eva étonnée :

— Mais pour refouler, il faut avoir quelque chose à nier ! Or je crois que nous n'avons jamais éprouvé quoi que ce soit qui ressemblerait de près ou de loin à de la culpabilité...

— Comment est-ce possible ? avait demandé Leni en tâchant de garder son sang-froid.

— Hitler était notre grand pourvoyeur de joie et de liberté. La jouissance – idéologique, morale ou nationale – est incompatible avec la culpabilité.

— De quelle joie et de quelle liberté parles-tu exactement ?

— Soudain, tout a semblé possible en Allemagne. Tout ! Alors que du temps de mes parents, plus rien ne l'était. Brusquement, ma génération n'a plus compté en jours ou en semaines mais en siècles et en millénaires. Le projet de grande coupole berlinoise sur laquelle Hans-Heinrich, ton papa, a travaillé avec Speer et son équipe de la Pariser Platz, devait permettre de contenir dix-sept ou dix-huit fois Saint-Pierre de Rome. Tu entends ? Dix-sept fois ! Et l'arc de triomphe prévu pour clore la grande avenue de Berlin devait offrir un volume cinquante fois supérieur à celui de Paris ! Cinquante fois ! Pour notre génération, plus rien n'était hors de portée.

— Mais enfin toi, personnellement, tu n'as jamais été rattrapée par la culpabilité lorsque tu apercevais des Juifs traqués, frappés, injuriés ?

— Je sais que c'est déplaisant à dire aujourd'hui mais nous ne voyions pas les Juifs comme des individus. Plutôt comme une masse indistincte à compacter, du fret. Oui, du fret.

La très vieille Eva s'était immergée dans sa mémoire et, à mots pesés, avait raconté à Leni l'épisode de sa première étoile jaune. Avec une glaçante candeur.

Début septembre 1941, Eva avait aperçu une petite famille de Juifs qui se pressaient, courbés, dans une ruelle berlinoise. Des ombres furtives, apeurées. Les pires Juifs à ses yeux d'hitlérienne sincère : des spécimens parfaitement assimilés, aptes donc à s'infiltrer parmi les Aryens purs. Tous étaient pourvus d'étoiles de tissu sur lesquelles était inscrit, très lisiblement, *Jude*.

La presse n'avait pas menti, s'était-elle dit tout de suite : l'obligation du port de l'étoile jaune était bien entrée en vigueur. Les harangues racistes du Führer n'étaient pas que des mots.

Le cœur d'Eva avait alors fait un bond : avec le chancelier Hitler tout était vraiment possible. Tout à coup, elle avait éprouvé le sentiment euphorisant de sortir enfin de l'hypocrisie du monde de ses parents. Et des demi-solutions qui prévalaient jadis. Son peuple en plein essor allait désormais connaître une période d'honnêteté et de clarté totales ; deux valeurs qu'elle respectait de toute son âme. Hitler avait tenu parole, lui. Le bon grain racial serait irrévocablement séparé de l'ivraie enjuivée. Le mal serait localisé et extirpé d'Allemagne. Quel soulagement…

Sur le moment, la joie ethnique d'Eva avait été si vive qu'elle avait le souvenir d'être rentrée à toute vitesse chez elle, à deux pas du Tiergarten (le bois de Boulogne berlinois), pour écrire à une amie de la BDM, en montant les étages quatre à quatre. Elle brûlait de partager cette émotion merveilleuse. Quelque chose de neuf et de propre commençait vraiment pour sa race qu'elle percevait comme biologiquement menacée, à Berlin même où subsistaient encore des Juifs non captifs. En liberté ! avait-elle insisté en fixant Leni de son œil bleu. Pas une seconde la jeune Eva n'avait n'éprouvé de compassion malsaine pour cette famille humiliée qui subissait un marquage jadis réservé aux bêtes. L'extraordinaire de cette vision fugitive, à l'angle de la Jägerstrasse et d'une mince ruelle, lui confirmait que l'Allemagne était une force mentale capable de réviser ses normes, de s'évader de la sensiblerie juive et de révoquer les poncifs chrétiens encore en vogue sur le reste du globe.

Cette première étoile jaune, inespérée, lui était apparue comme un pur bonheur ; l'annonce d'une délivrance prochaine.

Écoutant chaque mot, Leni était restée silencieuse dans le petit salon de Montreux, sous l'œil sépia de son père exterminateur, en proie à une sidération profonde.

L'être humain pouvait donc voir tout autre chose que ce que ses yeux lui donnent à voir ; jusqu'à ne pas enregistrer une détresse évidente pour y déceler, à la place, une nouvelle enthousiasmante.

— Tu n'as jamais ressenti de malaise devant des Juifs en état de souffrance ? avait articulé Leni en lui faisant face.

— Si, confessa Eva. Une fois. J'étais en mission dans le Wartheland (morceau de Pologne intégré au Reich) pour le compte de la BDM où, avec mes camarades, nous aidions du mieux que nous le pouvions les Allemands ethniques à s'installer. Dans les logements des Juifs notamment. Enfin vacants...

Troublée, Eva s'était arrêtée :

— Ce jour-là, je m'étais égarée dans une rue de Łódź et je suis tombée, par hasard, sur le grand ghetto. Derrière les barbelés, il y avait des enfants juifs émaciés et en haillons qui mendiaient. J'ai failli céder à la compassion. Par chance, un soldat de garde me l'a interdit en me rappelant la consigne. Je me le serais reproché ensuite. Mais je me suis surprise à éprouver pour ces Juifs très sales quelque chose qui ressemblait à de la compassion, alors même que je venais de lire une brochure de la SS, largement diffusée, qui aidait à repérer *Der Jude*. Et à percevoir sa vraie nocivité. Je l'ai d'ailleurs conservée car elle indique très clairement ce que nous pensions tous alors.

Avec l'aide de son auxiliaire ménagère bougonnante, Eva avait déniché dans une boîte à chapeau un document jauni imprimé à l'usage du personnel de la SS. Très bien rangé, à peine corné quoiqu'un peu piqueté d'humidité. Il y était dit que « le Juif a l'air assez normal d'un point de vue biologique, avec des mains, des pieds, une bouche » mais qu'en fait, « c'est une créature complètement différente, une horreur. Il a seulement l'air humain. Un terrible chaos anime cette créature, une affreuse soif de destruction, de désirs diaboliques, ceux d'un monstre non humain ». Oui, c'était bien cela… non humain.

Méditative, Eva avait feuilleté ce document délirant, approuvé en son temps par une hiérarchie SS censée jouir d'une intelligence supérieure ; puis elle avait déniché ce qu'elle cherchait vraiment, un cliché en noir et blanc (conservé par Leni) qui montrait un Juif habillé normalement, en veston, sous lequel était inscrite une petite phrase : « le monstre déguisé en homme » ; comme si les Allemands d'alors avaient dû se méfier de leurs propres perceptions, de l'illusion du réel.

— Eh bien, du temps du chancelier Hitler, personne ne riait en lisant ce qui était écrit sous cette photo ! avait ajouté la vieille dame. Voilà ce que vous devez admettre : pour nous autres, les Juifs étaient bien *des monstres déguisés en hommes*. Et des créatures si communistes qu'il paraissait déraisonnable de les laisser en vie à l'intérieur de nos frontières raciales, au sein de nos villes mêmes, alors que nous étions en guerre totale contre l'URSS.

— Mais enfin, ces balivernes étaient parfaitement ridicules, proches de la divagation d'un fou ! s'était indignée Leni en sortant de ses gonds. Vous n'étiez quand même pas un peuple d'imbéciles.

— Beaucoup de chrétiens croient sans rire que le Christ est ressuscité. Peut-on qualifier pour autant ces millions de gens d'imbéciles ? Même si, sur un plan médical, cette affaire de résurrection en Galilée reste assez discutable… et pourrait bien passer, comme tu le dis, pour la divagation d'un fou. Les croyances les plus bizarres ont parfois un statut de vérité…

— Donc tu savais tout de la Shoah et tu n'as jamais éprouvé de culpabilité.

— Non. Je savais mais je ne m'arrêtais jamais sur la pensée que je savais ; ce qui est différent. Mon mari tentait bien de m'en parler, pour se soulager et que je mesure le sacrifice personnel qu'il consentait pour notre peuple ; car il ne participait à toutes ces horreurs qu'avec répulsion…

— Répulsion ? avait repris Leni en s'accrochant à ce mot.

— Physique. L'odeur surtout était terrible à Auschwitz, paraît-il. Mais je me dérobais à chaque fois. Il y avait en moi une forte résistance, inconsciente, à lui rendre visite là-bas. Notre pensée acceptait cette cruauté comme une fatalité mais nous en chassions l'idée aussi vite que possible dès qu'elle se présentait. C'était ma façon d'évacuer mes doutes sur les principes qui fondaient mon engagement. Un doute trop conscient m'aurait arraché toute raison de vivre. Et m'aurait sans doute détruite psychiquement. Au fil du temps, ces moments de lucidité sont hélas devenus toujours plus pénibles et plus brefs.

Nauséeuse, Leni s'était alors levée, avait ramassé la brochure où figurait *le monstre déguisé en homme* et était partie sans un mot. Puis elle était rentrée à Paris anéantie, en espérant ne plus jamais revoir cette Aryenne qui lui avait donné le jour avec un SS.

Son récit saisissant me laissa l'impression que la dinguerie est de tous les pays ; seul le style est national.

Dans la réalité, la bête immonde avait donc été propre sur elle, enthousiaste, très idéaliste et joufflue des meilleurs sentiments. Comme l'étaient la plupart des vichystes si courtois et d'une telle intégrité. Comme l'est de nos jours l'islamisme effervescent qui arrache à l'insipide tant de jeunes gens formidables résolus à faire du bien au siècle. Souvent d'honnêtes intellectuels désintéressés (musulmans aujourd'hui, germaniques hier) qui jugent bon, sublime et charitable de se dévouer au service de leur peuple brimé. Sans se défiler.

La dernière fois que Leni me parla de cet ultime entretien avec Eva, je lui ai demandé :

— Comment voyait-elle Zac ? Comme un Juif ?

— Non… pire. Elle respectait chez son petit-fils une part de sang aryen.

## Le Nain Vert

Le Nain Jaune peut-il réapparaître ou ses traits restent-ils ceux d'un moment tricolore ?

Je le pensais jusqu'en septembre 2009 ; même si j'avais été frappé par le parallèle établi par Zac entre Jean Jardin et Albert Speer, deux honnêtes figures du pire.

Ce samedi soir-là, j'avais consenti, à tort, à participer à une émission télévisée populaire que je ne regarde jamais. En pensant avec un certain angélisme que l'inconduite mercenaire et goguenarde de certains chroniqueurs pouvait être raisonnée. Soudain, un invité remarqué déboule sur le plateau, éveillant dans l'assistance un frisson qui parcourt les échines. L'audimat entre en érection. Peu porté sur les sujets polémiques, j'ignorais jusqu'à cet instant l'existence de cet individu bien de sa personne qui, de prime abord, m'apparaît séduisant, habile orateur et, pour tout dire, le visage même de l'intelligence.

Rien à voir avec l'emportement identitaire qui monte à la tête des foules arabo-musulmanes en leur inoculant la haine des autres.

Il se nomme Tariq Ramadan.

Les spadassins de service, rémunérés pour se gourmer de tout en s'enveloppant de sincérité, lui infligent d'acides réflexions, allant même jusqu'à soupçonner chez lui de déplaisantes arrière-pensées islamistes. Voire un scabreux double discours favorable aux iranosaures de Téhéran. Pour un peu, cet apprenti démon m'en deviendrait sympathique. Mais quelque chose cloche chez ce jeune intellectuel roide qui semble faire métier d'être de bonne foi et qui, bizarrement, étaye sa bonté d'arguments aussi sagaces que brillants ; comme si la capacité d'amour, chez un homme, pouvait faire l'objet d'une démonstration. L'évidence, en cette matière, n'a que faire des spéculations ; elle est ou n'est pas. L'animateur, une intelligence vive, me demande ce que je pense de cet islamiste camouflé en bien-pensant. Je réponds avec franchise :

— Je ne vous connaissais pas, monsieur Ramadan. Vous êtes lumineux, impressionnant même mais…

— Ah, il y a un mais ! me coupe-t-il.

— Oui. Il y a comme un décalage entre ce que vous dites et ce que vous êtes, entre vos mots doux et la violence qui émane de vous. J'ai l'impression qu'il n'y a pas beaucoup d'amour en vous.

Étonné, l'homme me regarde, a la gaucherie de se défendre quand un aveu touchant l'aurait sauvé ou du moins conforté. Instinctivement, j'ai alors l'impression de me trouver devant un autre Nain Jaune : quelqu'un de vraiment correct, une candeur égarée que les accusateurs professionnels prennent pour du cynisme, une honnêteté capable de s'engouffrer dans des risques majeurs. L'un de ces jeunes intellectuels musulmans aptes à tous les dérapages car trop fiévreusement moraux. La quête du bien guide ses propos tendus d'esprit, cette sorte de bien véhément qui leste les êtres potentiellement dangereux. Il a tout d'un Nain Vert islamisé, responsable, inapte à se défausser si d'exceptionnelles circonstances exigeaient de lui – comme elles l'exigèrent jadis du Nain Jaune – de beaux sacrifices. Question de moment, de géographie. L'un respira l'œuvre de Maurras et un certain catholicisme véhément, l'autre rumine un Coran fermenté qui ignore tout de l'instinct de laïcité. Tous deux, en costume cravate élégant, ont ce visage avenant, non sectaire, qui rameute la sympathie et rend hésitant devant l'idéologie qu'ils escortent.

En quittant le plateau, je me plonge dans la prose ambiguë de cet auteur prolixe ; en me méfiant des a priori de la meute de ses harceleurs mais sans parvenir à me défaire de l'étrange impression que ce séducteur a laissée sur moi. Et, en le lisant, mon corps se glace ; comme à chaque fois que le fantôme du Nain Jaune croise mon existence. Entre les lignes, je renifle les liens anciens mais fournis entre un certain islam dévoyé et le nazisme. Le manque d'affection de Tariq Ramadan pour le sionisme peut encore passer pour une opinion ; mais ses Juifs à lui semblent bien être les femmes déchues de leur pleine humanité, ces sous-hommes dont l'islamisme radical – avoué ou masqué – trouve l'abaissement si normal. Et si légitime. Le virus a muté, trouvant une fois de plus des êtres à diminuer, à mutiler dans leurs droits. Les Juifs hier, les femmes aujourd'hui.

Le pouvoir ensorcelant de certains suppôts du bien m'effraie.

Des personnes de bien, j'en ai croisé également dans certaines salles de marchés, prêtes à spéculer contre des nations en toute bonne conscience, à disloquer des peuples sans sourciller. Ils n'étaient pas verts ces Nain Jaune-là, ou alors d'un vert dollar ; mais tout aussi solidement campés sur de beaux discours responsables. Et charmants, frottés de culture.

Comment le Nain Jaune s'y prit-il pour séduire – et berner – jusqu'à son biographe ?

## Retour au Lutetia

Pierre Assouline me reste une énigme dans sa biographie de Jean Jardin.

En signant *Une éminence grise* en 1986, que signa-t-il ?

Une erreur magistrale ? Un acte d'homme affranchi de sa communauté d'origine ?

Ou écrivit-il ce livre par pure passion pour les individus tissés de paradoxes ? Exprima-t-il de cette façon son rêve que le pire ne le soit jamais vraiment ? En laissant entendre que la complexité des êtres et des situations historiques pourrait excuser la banalité du mal. Ou se lança-t-il dans ce guêpier en prenant un plaisir trouble à entretenir un jeu étrange entre un collabo certifié et son bon Juif ? Certains l'ont écrit ; en voyant cette biographie comme une tache sur son blason. Pour ma part, je me suis longtemps dérobé devant cette évidence. Sans doute pour me préserver moi-même, je regardais son *Éminence grise* comme une démarche d'homme singulièrement libre qui refuse d'envisager l'Histoire comme un tribunal.

L'œuvre d'un esprit mû par un dégoût rédhibitoire pour les réquisitoires, les lyncheurs, les gardes-chiourmes idéologiques, les kapos de la pensée, les épurateurs de tous poils, les fusilleurs, les éternels Fouquier-Tinville ; doublé d'un mépris sincère pour la cohorte des retourneurs de veste.

Plus tard, cet homme – qui fut mon ami pendant des années – écrivit sur une autre rencontre, physique celle-là, avec une ombre surgie des mêmes décembres : *Le Fleuve Combelle*. Un texte miné, à fleur d'émotions, qui rend compte de ses liens brûlants avec Lucien Combelle, ex-directeur et éditorialiste d'un journal collaborationniste infect, *La Révolution nationale* – antisémite à souhait, antirépublicain, phobique du communisme –, d'esprit littéraire et hélas d'une certaine tenue. Dans cet ouvrage ambigu, il est moins question de trahison nationale que de fidélité à soi-même. Et d'emmener la littérature sur les hauts-fonds de la complexité humaine en remontant le fleuve des grandes erreurs idéologiques.

Lors de la sortie du livre que vous tenez entre les mains, publié chez Grasset en édition courante en janvier 2011, le passé de mon grand-père est soudainement remonté dans sa sinistre réalité administrative. Une historienne minutieuse, sans doute touchée par ma démarche, Annie Lacroix-Riz, m'a contacté. Nous ne nous connaissions pas. Au fil des semaines et des mois, elle m'a transmis les pièces d'archives sur lesquelles elle tombait par hasard lorsqu'elle y trouvait mon patronyme, au détour d'un microfilm, en épluchant notamment les fonds de Haute Cour où gisent des pans entiers des « Archives de Berlin » ; ces documents allemands – qui concernent les rapports entre Berlin et Vichy – saisis par les autorités françaises d'occupation en 1945 ; pièces fort désagréables que Jean Jardin n'eut pas la possibilité de faire disparaître à la fin de son règne d'homme de cabinet.

Le profil de Jean qui ressort de cette paperasse peu ragoûtante est si étranger au portrait charmant qu'en brosse Assouline que j'en suis resté confondu.

Comment ce biographe, qui se targue d'être rigoureux, a-t-il pu méconnaître les liens de Soko – ami intimissime de Jean et de mon clan – avec les services de renseignements de la SS ?

Comment cet enquêteur réputé a-t-il pu passer à côté de dossiers comme ceux où l'on découvre un Jean Jardin pressé de faire livrer des tapisseries d'Aubusson du XVe siècle à… Göring [1] ? Sous cette livrée, je l'ai à peine reconnu… Dans cet effarant dossier, on voit surtout comment fonctionnait

---

1. Voir le rapport de Lavagne (non manuscrit), « Résumé de l'affaire des tapisseries de Sèze », Vichy, 24 mai 1943, 5 p. (qui résume très bien le dossier dont les nombreuses pièces originales se partagent entre 3 W 210, Laval, et 3 W 88, Bousquet). De quoi faire un roman politico-policier, ricane Annie Lacroix-Riz, invraisemblable s'il n'était étayé par une multitude de pièces originales de 1942, qui le bétonnent…

main dans la main, au quotidien, le trio Bousquet-Laval-Jardin si étroitement lié.

Comment Pierre Assouline a-t-il pu ne pas voir les notes de Diehl[1], chef de l'espionnage allemand à Vichy (SS-SD) et adjoint du consul général Krug von Nidda (chef de la « filiale » de Vichy de l'ambassade d'Allemagne à Paris), qui, mi-juin 1943, évoque en détail ses entretiens avec – entre autres – Guérard, Darnand, Bonnet, de Brinon, Darquier de Pellepoix et… Jean Jardin qui, tous, se prononcent pour la constitution d'« un ministère fort » (celui de Laval ne l'est pas ou plus assez) « de coalition [qui] poursuivrait en politique extérieure la collaboration avec l'Allemagne, et, en politique intérieure, la lutte contre les communistes, les juifs et les francs-maçons » ? Aux yeux des Allemands, le Nain Jaune apparaît dans ces notes parmi les durs du régime collaborateur, prêt à se débarrasser sans état d'âme de son cher patron Pierre Laval…

Comment Assouline a-t-il pu ne pas voir le télégramme 2040[2], daté du 2 août 1943, de Krug von Nidda à Schleier (collaborateur ou remplaçant d'Otto Abetz, ambassadeur d'Hitler) qui montre que Jean était, comme il est logique pour un directeur de cabinet qui « fait les dossiers », associé à toutes les rencontres Laval-Bousquet-Allemands, Gestapo comprise ? Il y est directement question

---

1. Notes de Diehl, Vichy, 17 juin 1943, AN, 3 W 216, Laval (ou 3 W 347, « Archives de Berlin »).

2. Fonds Bousquet, 3 W 89, Archives nationales.

d'un « dîner organisé par Laval en l'honneur d'Oberg (le grand chef de la SS en France) » : « Geissler [chef de la Gestapo à Vichy] vient de nous faire savoir que le Gruppenführer Oberg n'ira pas demain à Vichy et s'excusera pour des raisons de santé. Jardin avait auparavant communiqué à un membre de notre filiale à Vichy que Bousquet s'était opposé à ce que j'assiste au dîner organisé par Laval en l'honneur d'Oberg. Etc. » En l'honneur d'Oberg... on croit rêver.

Et, comble du comble, comment ce biographe a-t-il pu ne pas tenir compte du procès-verbal de Rothke (un des « principaux collaborateurs » de l'ignoble Dannecker qui le remplaçait alors à Paris) relatif à ses entretiens avec Laval et Bousquet à Paris, le 15 août 1943, en présence de Geissler, Kommandeur des SS à Vichy[1] ? On y apprend plusieurs choses déplaisantes, énoncées en toutes lettres... que Laval avait déjà signé les décrets de dénaturalisation des juifs naturalisés français à partir de 1927, afin que bébés et vieillards puissent tous être déportés. Et son directeur de cabinet n'aurait pas été au courant alors que, indique Rothke au détour d'un paragraphe, un simple « secrétaire » de son cabinet, chargé de retrouver un document égaré par Laval, l'est ? Rothke rapporte aussi que Pierre Laval n'interrompt la coopération policière que parce que le sort des armes est défavorable à l'Allemagne,

---

1. Voir le dossier PJ 42 Bousquet, Archives de la préfecture de Police (APP).

à deux doigts à cette date d'être défaite dans la bataille de Koursk (« on ne peut compter sur une aide de la police française dans cette question [de la déportation], à moins que la situation militaire de l'Allemagne se modifie radicalement en notre faveur… »). Six mois auparavant, il était plus accommodant… Mais Rothke dit surtout, sans ambages : « J'ai expliqué à Laval que l'ordre du Führer pour la solution définitive de la question juive en Europe entière était clair et net. Il avait été convenu, il y a un an, avec le Gouvernement français, que la solution de la question juive en France devait s'effectuer par étapes. » Le cabinet savait donc tout un an auparavant ! Et naturellement, Jean Jardin lui n'aurait rien su ni rien cautionné, lors des grandes rafles effectuées par la police française…

Des pièces de ce genre, j'en ai reçu et continue d'en recevoir régulièrement – accompagnées de dossiers particulièrement nauséabonds sur les intimes de mon grand-père – car Annie Lacroix-Riz ne cesse de découvrir des documents.

De toute évidence, la biographie du Nain Jaune reste à écrire. Mais revenons à l'époque où j'écrivis la première mouture de cet ouvrage que vous lisez ; époque où j'ignorais encore ce qui remonterait du passé blême de Jean.

À ce moment-là, je n'étais pas qu'écrivain.

J'étais déjà un petit-fils en colère.

Scène difficile que ce déjeuner important, crucial à mes yeux, avec Pierre Assouline dont je n'avais, à l'époque, jamais compris les indulgences – toujours tues de ma part, de peur de le blesser ; je l'estimais tant ! Un jour donc, je lui propose – par courriel – de nous retrouver à une table que j'ai réservée à la brasserie du Lutetia, le palace dont il est également le biographe ; lieu obscurci d'Histoire qui, après avoir abrité le quartier général de l'Abwehr, accueillit les revenants de la déportation lorsque, squelettes rayés et diaphanes, ils furent rapatriés à Paris d'avril à août 1945.

Tandis que j'attends sa réponse, une interrogation m'obsède : comment Pierre a-t-il pu se soucier du retour des camps – en ce lieu même où je lui donne rendez-vous – et non de l'aller ? Sans s'attarder sur l'idée que le directeur de cabinet de Laval avait nécessairement joué un rôle, actif ou passif, dans ces voyages organisés... même si aucun bordereau ou ordre explicite signé par le Nain Jaune n'a jamais été retrouvé. Ç'eût été prendre Jean pour un imbécile...

Quelle situation folle où, à front renversé, je me fais, en attendant sa réponse, l'effet du bon Juif de cet homme si compréhensif avec les parias de l'Histoire !

Irons-nous au Lutetia ?

Sa réponse déboule sur mon écran d'ordinateur ; un courriel laconique : « Heu... ce n'est pas très bon là-bas... »

Manifestement, quelque chose ne passe pas. Le Lutetia lui semble trop indigeste. La déglutition de l'Histoire a ses mystères ; même si le bar reste un de ses lieux parisiens.

Nous nous retrouvons dans une brasserie de Montparnasse.

J'arrive en retard. Il m'embrasse, lui le Séfarade qui refuse de faire de l'antisémitisme la pierre de touche de toute lecture de Vichy ; et moi je l'accueille, ashkénaïsé au point d'avoir entièrement judaïsé mes propres souffrances.

Nous discutons famille, de nos projets divers, remuons quelques idées générales ; et, tout à trac, je fonce en direction de mon angoisse, vers les zones que son radar mental a si curieusement évitées :

— Dans ton *Éminence grise*, pourquoi n'as-tu pas écrit de chapitre sur le 16 juillet 1942 ?

— Parce que j'écris mes biographies en me mettant à la place de mes personnages ; en signalant les choses déplaisantes qu'il m'arrive parfois de trouver. Or pour Jean Jardin, la rafle du Vél d'Hiv n'a pas été un événement important. Il ne l'a certainement pas notée dans son agenda. Consacrer un chapitre à quelque chose de secondaire à ses yeux eût été un anachronisme.

— Mais c'est capital pour moi. Tu peux le comprendre ?

— Les positions de petit-fils et de biographe ne sont pas les mêmes. Par ailleurs, dans mes recherches, je n'ai rien trouvé de compromettant concernant Jean Jardin et les grandes rafles. Rien. Si cela avait été le cas, je l'aurais publié. Consacrer un chapitre entier à ce *rien* eût semblé, en 1986, totalement anachronique. À l'époque, la rafle du Vél d'Hiv n'avait pas l'importance qu'on lui prête aujourd'hui.

— Ton silence sur cette journée correspond donc à la cécité des Français ?

— Jean, comme la majorité des Français, ne pensait qu'à deux choses : faire rentrer les prisonniers de guerre en Allemagne et régler la question alimentaire.

— Dans ton livre, le Vél d'Hiv semble ne pas concerner du tout Jean.

— Parce qu'il ne le concerna pas.

— Tout ça me semble bien pire…

En rentrant chez moi, méditatif et mal à l'aise, je fus alors saisi d'interrogations. Et je n'avais pas encore lu les pièces trouvées par Lacroix-Riz… Quand on n'a pas subi soi-même le malheur que l'on commente, l'indignation n'est-elle pas toujours un anachronisme ? Si Pierre Assouline, Juif de confession et de cœur, ne trouvait pas en 1986 motif à s'indigner de l'aveuglement de Jean Jardin, on comprend qu'en 1942 les gens très bien s'y soient vautrés sans état d'âme…

Il y a donc des biographes sur mesure. Il fallait que le Nain Jaune rencontrât par-delà le temps un intellectuel juif le comprenant jusqu'au bout ; et capable de minimiser à ce point les responsabilités infâmes d'un directeur de cabinet. Ainsi qu'un petit-fils blessé. Tous deux désormais séparés par un effarement insubmersible.

# Les trains invisibles

Longtemps je me suis demandé si le Nain Jaune, ancien collaborateur de Raoul Dautry – celui qui fit tant pour organiser le réseau de la SNCF –, s'était, à Vichy, intéressé à la dimension ferroviaire de la déportation. Sa vive passion pour les trains l'avait-elle conduit à poser à la SNCF, sa famille d'origine, les bonnes questions qui auraient pu, par déduction, atteindre son raisonnement ? Puis paniquer sa conscience ?

Comment parvint-il à trouver normal que des personnes voyagent dans des wagons à bestiaux ? Un cheminot avisé tel que Jean Jardin n'aurait-il pas dû s'interroger sur le ratio nombre de voyageurs / nombre de wagons ? S'il s'était un tant soit peu renseigné…

Raul Hilberg, l'historien clé de la Shoah [1], fut lui-même un très grand connaisseur des chemins

---

1. Auteur, notamment, de *La Destruction des Juifs d'Europe* et de *Exécuteurs, victimes, témoins* (Folio histoire), les deux grands textes de référence sur la mécanique de la Shoah.

de fer ; merveilleux outil de transport qui détermina la cadence des exterminations et la localisation des grilloirs (le mot de Soko résonne encore en moi) industriels de la Solution finale.

Mes recherches sur le Nain Jaune et les wagons de la mort sont restées vaines.

À ma connaissance, Jean Jardin se désintéressa des trains français de mai 1942 à octobre 1943 ; même si, détail à noter, il continua de signer sa correspondance administrative et privée avec le stylo en argent de Dautry. Aucune trace d'échanges particuliers entre le siège de la compagnie nationale et son cabinet durant cette période. La cécité ferroviaire du Nain Jaune fut alors complète.

Mon grand-père put donc travailler avec le stylo du grand pilote de la SNCF et ne jamais voir les trains du pire.

Mais en fouinant dans les publications d'universitaires américains très au fait de l'histoire des chemins de fer européens, j'ai fini par tomber sur un document [1] qui me mit dans le regard une gravité durable. Et qui ne cesse de m'interroger sur la logique profonde des gens convenables engagés dans la Shoah : le bulletin d'un régiment allemand. Cette pièce saisissante me troubla autant, sinon plus, que le Boudin des Frank en me confirmant que la subjectivité détermine ce que l'esprit

---

1. Cité par Daniel J. Goldhagen dans son ouvrage *Les Bourreaux volontaires de Hitler*, traduction française de Pierre Martin (Le Seuil).

peut observer. Il s'agit de la gazette d'une unité de
l'Ordnungspolizei (la police d'Ordre). En
mars 1943, ce bataillon exterminait consciencieu-
sement les Juifs de Pologne. Sur une pleine
colonne rageuse, son général SS s'y fend d'une
mise en garde adressée à ses hommes au sujet des
conditions déplorables de transport des bovins. Ce
très délicat gradé paraît outré de l'inhumanité avec
laquelle ses policiers ont procédé à l'évacuation
des troupeaux de bovins expédiés vers l'Allemagne. L'excès de chargement a entraîné de
lourdes pertes, s'indigne-t-il avant d'exiger que
cessent la cruauté et l'irrespect envers les ani-
maux. Un peu de morale, que diable ! Doréna-
vant, tout traitement indécent des bêtes à cornes
fera l'objet d'un rapport circonstancié et de
mesures disciplinaires. Défenseur de la cause ani-
male, ce cœur sensible ne fait pas le lien entre
l'entassement des bestiaux et celui des Juifs qui, à
la même date, crèvent asphyxiés dans les mêmes
wagons. Pour cet officier pétri de hautes valeurs, il
semble parfaitement normal et légitime qu'un
impératif moral protège les bêtes ; et leur assure
un minimum d'eau pendant les voyages. Les
bovins ne méritent-ils pas un traitement humain ?
Eux ne sont pas des démons acharnés contre
l'Allemagne ; eux n'ont pas partie liée avec le
communisme russe et la juiverie internationale
censée avoir pris les commandes à Moscou. Cade-
nassé dans sa fantasmagorie paranoïaque, ce type
très correct n'est pas même effleuré par l'idée que

veiller au bien-être des vaches dans ces mêmes wagons puisse être totalement fou.

Certes, le Nain Jaune ne devait pas se figurer, comme ce général courroucé, que les camps de concentration étaient des *anus nécessaires* par lesquels étaient évacués les excréments de l'humanité, comme l'affirmaient les délirants du national-socialisme ; mais un mécanisme analogue, très déréglé, devait lui rendre ces trains invisibles. L'homme ne discerne que ce que ses croyances implicites lui montrent. Dès lors, comment admettre qu'il y ait une réalité accessible à l'esprit ? L'opinion arbitraire crée le réel. Des bovins assoiffés peuvent émouvoir quand des enfants juifs, déshumanisés par une autre carte des valeurs, laissent indifférent. Or pour le Nain Jaune comme pour son entourage maurrassien de 1942, ce n'étaient pas des gens tout à fait comme lui, ni des êtres totalement individualisés qui montaient dans ces wagons plombés ; mais plutôt une race, une entité ressentie comme vaguement inquiétante, une cargaison humaine qu'il n'était pas inadmissible de compresser. Sans éprouver de trop grand malaise. N'étaient-ils pas en surnombre sur notre sol et sans aucun respect pour les habitudes élégantes de la Compagnie des Wagons-Lits qu'il affectionnait tant ?

Sans quoi, ce cheminot dans l'âme aurait sans doute vu ces trains à bestiaux affrétés par la SNCF. Et leur fret composé de familles. Quand on tolère l'idée que des êtres ne font pas partie d'une commune humanité, le processus du pire s'amorce. La chosification d'autrui permet tout. Cela commence par le SDF que l'on enjambe un soir d'hiver sur un trottoir et cela se termine à Auschwitz.

# Le fantôme

Mon grand-père est un fantôme ! Lors de la rédaction de la première édition de ce livre, j'avais adressé une lettre aux Archives nationales pour savoir s'il existait une trace quelconque des relations administratives entre Jean Jardin et les Renseignements généraux – notamment avec le commissaire Lanteaume ; et d'une manière générale en espérant que l'on me communiquerait copie de tout document signé par le Nain Jaune dans ses fonctions officielles auprès de Pierre Laval. Je reste sidéré par la réponse laconique mais précise que m'adresse la direction scientifique de Paris – section du XXᵉ siècle – en date du 8 juin 2010, dont voici un extrait :

« Afin de répondre à votre courrier relatif aux activités de votre grand-père, Jean Jardin, directeur de cabinet de Pierre Laval de mai 1942 à octobre 1943, une recherche a été menée dans les sous-séries AJ/38 (Commissariat général aux questions juives), F/60 (secrétariat général du gouvernement et services du

Premier ministre), 2AG (papiers des chefs de l'État, État français), et 3W (Haute Cour de Justice) des Archives nationales, site de Paris.

Les archives de l'État français et du chef du gouvernement (2AG et F/60) sont très lacunaires : *il n'y a pas dans ces papiers de document témoignant des activités de votre grand-père.* Il n'a pas été non plus trouvé de correspondance signée Jean Jardin dans le fonds du Commissariat général aux questions juives (AJ/38). »

Je reste pétrifié : Jean a pu être directeur de cabinet du chef du gouvernement français pendant dix-huit mois sans laisser une seule minuscule trace dans les Archives nationales (à l'endroit où ses cartons auraient dû logiquement se trouver) ; pas même une note de frais ou un bordereau mineur. Du grand art... Il y a du Cagliostro dans cet évanouissement ; ou plutôt ce camouflage. Un biographe bienveillant ne pouvait y voir que la preuve de son innocence. J'y vois le pire : pour que *tout* ait été détruit ou mis de côté, notamment chez lui, il fallait que ce tout-là fût terrible ; et que chaque note glissée dans une chemise archivable pût valoir à Jean un aller simple devant un poteau d'exécution. La peur de la mort crie derrière la lettre lapidaire que les Archives nationales m'adressent si gentiment. Quelques documents administratifs, gisant au fond de cartons lacunaires, eussent contribué à sauver la réputation du Nain Jaune. *Rien*, cela fait beaucoup ; trop même. Ce silence des dossiers est bien un trou dans l'Histoire de France ; et dans celle des miens. Sur le moment, je ne me suis pas douté qu'une Annie Lacroix-Riz avisée me livrerait un jour ce que les méandres profonds des Archives nationales avaient à livrer, concernant mon Cagliostro familial.

À ma connaissance, il n'y a qu'Al Capone et ses confrères, ou les tout-puissants monsignor de l'Opus Dei, qui règlent leurs affaires sans jamais rien signer. Les directeurs de cabinet normaux – surtout à ce niveau-là – paraphent mille décisions par mois ; pardon, par semaine…

On comprendra qu'il n'y ait jamais eu d'« affaire Jardin » après la guerre : pour poursuivre un collabo central devant des tribunaux de la République, il fallait des documents, quelques preuves tangibles. Papon et Bousquet eurent, eux, cette insigne maladresse de ne pas nettoyer avec autant de soin. Le Nain Jaune savait que les Archives nationales ne recélaient presque aucun feuillet « témoignant de ses activités ». Pas de papier signé, pas d'adresse, à peine un sillage : seulement de la légende.

Impression triste : comme si tout cela n'avait jamais existé.

Heureusement (si j'ose dire…) que les archives allemandes étaient là, si ordonnées !

## Voyage au bout de ma nuit

J'ai toujours eu très mal à ma mémoire ; assez pour devenir écrivain léger.

Incorrigiblement fleur bleue.

Marcel Dassault, ancien déporté de Buchen-wald, ne fut-il pas le producteur de la suite de la comédie sucrée *La Boum* ? Interprétée par cette Sophie Marceau que je fis tourner par la suite…

Mais mes ébrouements romantiques ne me mirent pas à l'abri d'une misanthropie lancinante. La nuit circule dans mon cerveau. *J'ai tout du malheureux, sauf le malheur.* Seul l'amour effréné me réveille parfois du chagrin d'être issu de tant d'horreur assumée. Aimer me réchauffe alors et me rend mon honorabilité. Soudain, je me hisse au rang de garçon estimable en sortant, le temps d'un baiser volé, de ma condition froide d'exilé en soi. Ermite urbain, enthousiaste sceptique, j'affecte d'être gai ; alors que je suis dévasté par la mélancolie. On me croit fiable, je suis à deux doigts du chaos.

Et puis un jour, le meilleur est arrivé : je n'ai plus pu donner le change.

Aux approches de l'âge de la mort de mon père, je me suis rendu à l'idée qu'il me faudrait naître, me désenvoûter de nos fidélités, briser mes allégeances claniques. Enfin. Tout comme cette pauvre Leni, la mère de mon Zac. D'abord sur papier broché, puis pour de vrai.

C'était en hiver dernier, alors que je regardais dormir ma femme. Cette tête poétiquement folle, si inventive dans ses audaces et si sage par ses lucidités, m'est tout, et un peu plus. Partout où sa gaieté passe, elle met la vie en fête. Irriguée par du sang sémite en provenance de son père, L. m'a donné une fille un peu juive ; notre enfant chérie que nous avons confiée pendant ses trois premières années à la crèche israélite de Paris. Établissement sur la façade duquel est apposée une plaque mémorielle qui, à chaque fois que je la lis, me tord le ventre. Je devais à L. un mari vivant, gorgé de vérité. Et non une baudruche secouée de rires saccadés. Elle méritait que je sois moins hilare et plus heureux d'elle ; ni grave ni léger : présent. Moins une imitation de moi que moi réveillé.

Un amant délivré de ses spectres, disponible pour l'avenir.

Un époux purgé de ses hontes, à la hauteur de son talent de vie.

À défaut de me rendre sur la tombe du Nain Jaune pour lui parler à sens unique, j'ai alors

– soutenu par Jean-Paul Enthoven, alias Dizzy, mon cher éditeur – résolu de dialoguer avec lui. En le rejoignant par écrit à Vichy le soir du 16 juillet 1942, dans son bureau directorial de l'hôtel du Parc ; le soir même de sa grande brisure biographique. Par le truchement de ce livre étrange que je tiens pour mon acte de renaissance. Le cri de chagrin par lequel je me désassigne de mon passé.

Pour affronter sa faiblesse et me frotter à sa dignité.

En vivant ainsi, plume à la main, ma confrontation avec cet homme merveilleux qui, ce jour-là et dans ce bureau, endossa l'horreur. En version française.

# Enfin

16 juillet 1942, vingt heures trente. Le beau temps n'en finit pas de réchauffer la soirée. Le climat a l'air d'un enfant tiède. Désemparé, prêt à me préférer non-Jardin, je marche avec Dizzy devant le casino de Vichy où les députés français stupéfaits, deux ans plus tôt, ont voté les pleins pouvoirs à un naufragé du grand âge : Philippe Pétain ; ou plutôt ce qu'il en reste. Rien à voir avec le militaire bombé de culot qui se faisait appeler comme lui en 1917.

Aux abords du siège du gouvernement, je m'aperçois que Dizzy a cousu sur son pardessus une étoile jaune qui le déguise en Juif imaginaire, en cible émouvante pour antisémite. Lui qui ne fonctionne que par accès de joie a l'air tout étonné d'être défini par une haine officielle. Et pas peu fier de devancer ainsi le futur diagnostic sartrien (« c'est l'antisémite qui invente le Juif »). Ému, Dizzy m'arrête, pose sa main fraternelle sur mon épaule et me chuchote :

— Je crois qu'il vaut mieux que tu montes seul…

— Merci de m'avoir conduit jusque-là. File ! Je n'aimerais pas être la cause de ton arrestation…

Nous nous embrassons.

Malgré le danger qui rôde, Dizzy respire le sillage parfumé à l'eau de Jicky d'une jeune passante, proprement mise, qui lui décoche tout un roman dans une œillade. La pupille dilatée, il flaire chez cette viveuse esseulée quelque chose de dégourdi, d'insolent. Avant d'être marqué, il est homme ; même en cette soirée de juillet 1942.

Obliquant d'un pas raide et long, quasi gaulliste, je me dirige vers l'hôtel du Parc, juste en face de l'établissement thermal. En négligeant le Chante Clair, le restaurant de l'hôtel Majestic qui communique avec celui du Parc par un dais de toile vert et jaune. Dans la salle à manger 1900, que j'aperçois par la trouée des grandes fenêtres, les membres du gouvernement dînent, répartis par petites tables. En sifflant force bons plats. La rafle du Vél d'Hiv n'a pas l'air de couper l'appétit de ces patrioteux hissés sur le pavois de la défaite, guindés de principes et ventrus de rillettes.

Tout semble si heureux, si repu, si loin de la détresse des enfants tassés dans les gradins du Vélodrome d'Hiver. Est-ce bien le même soleil qui se couche sur la ville d'eaux de Vichy et sur Paris outragé ? Au bord de l'Allier, aucune autre étoile juive que celle de Dizzy qui – quoique bouleversé par le sort réservé aux étoilés de son espèce –

s'éloigne le long du fleuve, filant le train d'une blondeur prometteuse. Uniquement des gens convenables qui, dans cette capitale virtuelle née d'un quiproquo, se hâtent de rentrer dîner chez eux en famille. Les pédalos ont été rangés.

Au deuxième étage de l'hôtel du Parc, la lumière de son bureau éclaire l'activisme du directeur de cabinet du chef du gouvernement. Un littérateur nommé au Conseil national du régime, déjà poussé aux frontières de l'Académie, Henri Massis, me bouscule en sortant en trombe par l'entrée principale. Verveux, il tient parfois la plume lambine de Pétain en qui il voit « le seul axe et la seule colonne de l'espérance ». Au ministère en charge de la Jeunesse comme à l'hôtel du Parc, on sollicite les avis moralisants de ce Massis, ses intercessions auprès du haut clergé. Sa *Revue universelle* – financée par le cabinet de Jean – est une voix autorisée de la Révolution nationale. Il rêve d'autorité saine et fulmine contre le pernicieux régime républicain si défaitard qui chagrine son nationalisme racé. Affidé de l'Action française, cet homme à principes dont le fils est marié à une Juive – elle vient d'accoucher d'un Philippe, mon futur beau-père –, ignore que nous aurons, beaucoup plus tard, des enfants communs. Un peu juifs donc. Sait-on jamais ce que le passé nous réserve… avant l'avenir ! Songeur, je le regarde engouffrer son port de tête altier dans une automobile dont le pare-brise est orné d'une cocarde tricolore allumée ; celle requise pour pénétrer dans Vichy.

⋅Un soldat au visage barré d'une moustache qui forme un sens interdit facial m'arrête à l'entrée. Je me présente à ce rutilant militaire doté du casque spécial des unités motorisées :

— Alexandre Jardin. Je viens rejoindre Jean Jardin.

J'entre, me tourne vers un comptoir situé devant l'ancien panneau à clés de cet établissement qui fait office de chambre d'écho d'une France mise sur le flanc. Un huissier lunetteux à face d'otarie m'accueille d'un air soupçonneux. On me remet une fiche rose, dotée d'un volet détachable ; puis on m'indique la bonne direction. Je fonce dans un ascenseur énorme et vitré, à barres d'acier, que pilote un chauffeur à casquette. En pensant au livre blessé que j'écrirai un jour sur nos hontes nées dans cette ville trop tranquille. Mon anti-*Nain Jaune*. Une diatribe contre notre cécité. Le livre noir des Jardin. Un torpillage douloureux de l'honorabilité dont Jean a tant rêvé pour nous. Ah, que l'art d'être renégat est difficile... et comme cela coûte d'échapper à l'endurance d'une opinion, de claquer la porte des fixités familiales.

Au second étage, j'emprunte le couloir de gauche, dépasse le bureau de Laval devant lequel je frémis, à l'angle d'un corridor. Le patron du Nain Jaune, avec lequel il est si lié personnelle-ment, est déjà rentré chez lui, à Châteldon ; comme tous les jours à dix-huit heures. En cas d'urgence (que peut-il y avoir de plus urgent que de sauver les enfants du Vél d'Hiv ?), Jean est l'un des rares à pouvoir le déranger par téléphone. Je croise un laudateur du régime, quelques futurs épurés qui, entortillés de fatigue, finissent de boucler tardivement leurs dossiers de collabos, ainsi que deux futurs ministres gaullistes qui feront des trous dans leur mémoire. La mine lasse, ils quittent eux aussi leur bureau. Aucun de ces caciques n'a l'air laminé par les nouvelles du Vél d'Hiv qui ont commencé à filtrer dans les services ; mais au compte-gouttes. Eva a raison : en ce 16 juillet 1942, les Juifs ne concernent personne. L'indifférence française est à son zénith ; et ne cessera pas de sitôt puisque même au procès de Laval pas un mot ne sera prononcé sur la déportation. Tous ces cocardiers – dont l'enfance fut effrayée par les souvenirs de leurs parents de la débâcle de 1870 et des désordres rouges de la Commune – ont été si soulagés dans les décombres de juin 1940 de se blottir « autour d'un chef, un chef incontesté, un chef incontestable [1] » : le maréchal Pétain, gagneur de Verdun. Le paratonnerre octogénaire censé leur épargner la panade du communisme. Bien sûr, leur engagement ne procède pas d'une seule marche ni d'une seule coulée. La servilité n'est pas non plus leur état d'esprit. Mais tous pensent que l'Histoire sera écrite par Hitler et que la Gaule matraquée, placée entre l'enclume et le marteau,

---

1. Henri Massis.

n'a pas intérêt à connaître le sort de la Pologne.
Tous se répètent que l'abandon du peuple, le vide
politique à la manière hollandaise (la reine Wilhel-
mine et son gouvernement ont fui à Londres), est
indécent ; comme si l'indécence ne résidait pas
dans leur veulerie et leurs génuflexions patriotardes. En bons pères de famille, ces gens bien ont
opté pour la raison boutiquière et sont désormais
prêts à traquer les illuminés qui ont rejoint l'espérance, à Londres ou dans les maquis. Ils ont eu à
trancher entre la continuation de la guerre et le
déshonneur ; ils ont mordu dans le déshonneur et
auront le mépris de leurs petits-enfants. Mais ils ne
le savent pas encore...

Un huissier me demande ma fiche rose, en
détache un volet à la façon d'une ouvreuse de
théâtre, me laisse passer.

La trouille au ventre, je frappe à la porte du
Nain Jaune.

Les trois coups retentissent, sourds comme les
battements d'un cœur.

Sa voix tabagique me dit d'entrer.

Il me semble que si je lui fais face, il va me
prendre au piège de son charme ou de sa rhéto-
rique ; et que je n'attends que cela : être apaisé par
son intelligence, tranquillisé par la finesse de ses
analyses perfectionnées. Mais je ne veux pas de
cette extinction des feux de ma conscience à vif. Et
puis je redoute qu'il me fasse le coup du c'est plus
compliqué que tu ne le crois. Aura-t-il, le soir
même de la rafle du Vél d'Hiv, le front de me

servir cette fable parapluie ? Alors que nous sommes tous deux, désormais, des hommes faits capables d'aller au fond des mots. Ou se défilera-t-il en se retranchant derrière les dénégations simplettes qu'il assènera plus tard à Nathalie (*Je ne savais pas où allaient les trains, que pouvait-on faire ?*) ? En ressortant de ce bureau, en fuyant cette ville d'eaux à la Marienbad, je voudrais au moins pouvoir le détester cordialement.

Puisqu'il me sera toujours impossible de l'estimer.

Je frappe à nouveau et actionne la poignée.

Je foule la moquette râpée de son bureau nicotiné : pas un local à la Citizen Kane, non, une chambrette minable, dépenaillée, asphyxiée de paperasses. Un lieu sans plafond, privé de vue, sans horizon.

Le Nain Jaune est là, une Balto allumée à la main, vêtu de l'un de ses impeccables costumes gris de flanelle, la taille bien prise dans une chemise frappée de son chiffre : J.J. Un portrait du Maréchal macule le mur, je sursaute ; la ferblanterie de la politique m'a toujours écœuré. Surtout ce qui glorifie notre sénilité collective. Jean et moi avons presque le même âge, et le même regard. Peut-être des rêves en écho mais pas les mêmes émois littéraires. Recrachant un halo de fumée, assis dans un fauteuil crapaud, il me lance :

— Entre mon chéri ! Tu venais dîner avec nous, à Charmeil ? Impossible, en tout cas avec les adultes, nous avons le Dr Rahn à dîner, avec le Président [1].

— Qui ?

— Rahn, le diplomate allemand. Tu dîneras dans la cuisine avec les enfants.

— Je peux te parler une seconde ?

— Une demi-seconde, les Allemands sont ponctuels.

— As-tu pris des nouvelles du Vél d'Hiv ?

— Oui, j'ai eu Bousquet. Il maîtrise les choses, avec sang-froid. Un type épatant, dévoué, bon esprit. Jeune mais épatant.

— La rafle se poursuivra demain matin, je le sais. Rappelle ton mec épatant. Annulez tout. Arrête ce trou, cette tache, cette fracture dans ta vie.

— Mon chéri, les choses ne sont pas si simples...

— Si tu ne réagis pas ce soir, une partie de tes petits-enfants auront honte un jour de porter ton nom.

───────────

1. Ce repas avec le Dr Rahn et Laval eut lieu chez les Jardin, à Charmeil. Il est décrit avec mille détails enjoués et paradoxaux par le Zubial dans un chapitre de *La Guerre à neuf ans*. Mon père le situe lors de l'été 1943 à déjeuner mais, dans ce rêve éveillé, il me plaît de l'avancer d'un an ; car cette scène reste l'unique contact entre Pierre Laval et mon papa de neuf ans. De toute façon, le Nain Jaune avait l'habitude de recevoir à son domicile privé les ministres du pire (Krug von Nidda, Achenbach, etc.).

— D'avoir assumé une situation difficile ? De préserver notre souveraineté en pièces ? Mon amour, les Juifs vont partir pour la Pologne dans l'ordre. Tout ne va pas bien mais tout pourrait aller encore plus mal.

— As-tu demandé aux Renseignements généraux de la préfecture de Paris les informations qu'ils détiennent sur la destination réelle des trains ? Téléphone au commissaire Marc Lanteaume de la 3ᵉ section ! Demande-lui ce que lui a appris son inspecteur principal adjoint Sadosky. Séance tenante !

— Je te dis que le Dr Rahn va débouler à la maison. Il sera à Charmeil dans moins de vingt-cinq minutes. Je ne peux pas laisser Simone, ta grand-mère, l'accueillir seule.

— Appelle Lanteaume à Paris !

— À quoi ça servirait ? Même s'ils m'apprenaient le pire, ton Lanteaume et ton Sadosky, qu'Hitler et sa clique sont des vampires professionnels, qu'est-ce que ça changerait ? Crois-tu vraiment que nous ayons une marge de manœuvre aussi grande que ça ? À Berlin, ils tiennent nos prisonniers de guerre : une armée entière de malheureux, détenus depuis deux ans ! Que veux-tu que je fasse ? Que la France entière prenne le maquis pour quelques Juifs fraîchement naturalisés ? En faisant courir à nos prisonniers le risque de représailles draconiennes ? Tu voudrais qu'on arrête de faire fonctionner le pays, les trains de partir et le commerce de nourrir les familles ? Ce serait du joli… refuser le minimum de vie aux gens. Mon honneur serait sauf, ça oui, mais la nation, y as-tu pensé ?

— Jean, en Pologne ils vont les tuer derrière leurs barbelés. Tous.

— Si c'est le cas, qu'y puis-je ? Nous avons perdu la guerre. Je ne suis pas responsable de la dégelée militaire.

— Tu es directeur de cabinet de Pierre Laval.

— Qu'attendais-tu de moi en venant ici ? Des remords d'avoir laissé à Bousquet les mains libres ? Des regrets, oui. Des remords, non. Je ne peux pas fuir mes responsabilités. Tu souhaiterais que je me défile ? que je sois lâche ? Le courage, c'est de rester et de sauver ce qui peut l'être. Pour éviter le pire. Pas d'aller pérorer à Londres !

— Mais qu'y a-t-il de pire que ce qui vient d'arriver aujourd'hui à Paris ?

— Pour les Juifs, le pire serait qu'il n'y ait plus de zone libre. Il faut tenir.

Le Nain Jaune retient ses mots ; puis sa voix, comme fêlée, change de coloration :

— Viens, parlons en voiture. Rahn va arriver d'un instant à l'autre.

## Dans la Citroën du Nain Jaune

En roulant trop vite vers Charmeil dans sa Citroën 15 CV aux roues surdimensionnées, le Nain Jaune est songeur. Il a déjà oublié le nom du commissaire Marc Lanteaume. Son teint est celui du défaitisme, de l'accommodement. Et moi je songe à un gentilhomme picard, le général Leclerc, qui dans les déserts africains où il se bat fuit déjà son prestige naissant. Son aspect sec traduit ce cabrement de tout l'être devant la tentation de se dérober. Lui ne s'est pas rué à la servitude. Tout de même, ce raidissement, ce refus des solutions émollientes, ça a une autre allure. À trente-huit ans, Jean a l'air épanoui et pas peu fier d'occuper une fonction qui surplombe l'action publique ; comme s'il en avait sa claque de s'être trop longtemps nourri de l'ennui des provinces. Soucieux, son profil me déclare :

— Les effectifs et surtout l'armement des Anglo-Américains ne leur permettent pas de débarquer en Afrique du Nord et d'établir simultanément une tête de pont en France. Pour

l'heure, la double opération n'est pas envisageable.
Nous devons tenir.

Et Jean d'ajouter :

— En acceptant ce soir, une fois de plus, de
dîner avec l'envoyé du diable. Assez cordial d'ailleurs… Je me préfère et je préfère Laval à un Gauleiter ou à un gouvernement Déat-Doriot [1] qui met-
trait sur pied une alliance franco-allemande contre
l'Amérique et l'Angleterre. Tu comprends ?

— Non. De quoi devez-vous parler avec Rahn ?

— Il faut à tout prix régler la question du rapa-
triement de nos prisonniers. Ces hommes n'ont
pas revu leur famille depuis 1940. Même s'il faut
céder un peu de terrain en échange…

— Du terrain juif ?

— Nous ne pouvons pas sauver tout le monde.
Ni ne pas donner de contreparties. C'est un foutu
métier que d'essayer de faire le bien.

— La prochaine fois, évite d'utiliser la police
française pour exercer ta bonté.

Déjà concentré sur la scène qu'il s'apprête à
jouer avec le représentant d'Hitler, il n'a pas
entendu ma dernière réplique. Le Nain Jaune ral-
lume une Balto avec un calme contracté : signe
qu'il mobilise son habileté. Peut-être a-t-il la
France dans les tripes ; mais est-il encore capable
de ressentir ce qui n'entre pas dans son impla-
cable logique *courageuse et bienfaisante* ? Qui, en
ce 16 juillet 1942, mène au crime d'État.

---

1. Deux ultracollaborationnistes.

— Tu sais, petit père, me murmure-t-il, le mégot à la bouche et un peu ailleurs, quand on hésite entre deux solutions, il faut opter pour celle qui demande le plus de sacrifices…

— Pour qui ?

Je poursuis :

— Et votre législation raciale, comment l'assumes-tu ? Le statut des Juifs, l'aryanisation des entreprises, tous ces fonctionnaires juifs virés comme des malpropres des lycées et de l'armée, les décorés de 14-18 également raflés, le port de l'étoile jaune…

— Pardon, qu'est-ce que tu disais ? me demande le Nain Jaune en recrachant la fumée chaude de sa cigarette.

Il n'a pas écouté et semble incapable de se laisser atteindre par la panique des familles du Vél d'Hiv. Je reste ahuri que le Nain Jaune ait à ce point la conviction de faire le bien. Affolé par le bolchevisme, il s'apprête à dîner avec un carnassier aryen, à trinquer avec le chef du gouvernement collabo et il se perçoit comme un ange missionné pour atténuer le malheur des hommes, inapte à la dérobade, pas comme l'un de ces fuyards gaullistes embusqués à Londres derrière des micros…

— Je te parlais des Juifs.

D'une voix absente, le Nain Jaune se dégonfle d'un soupir et lâche :

— Nous n'avons rien concédé que les Allemands n'auraient imposé de force. En arrachant quelques compensations… Et puis, pour paradoxale qu'elle puisse paraître, ma conviction est que le statut des Juifs constitue une sorte de protection, de moindre mal pouvant empêcher une persécution allemande plus dure.

Tout à ses réflexions, Jean continue à fumer en pilotant à vive allure. Prêt à emmener sa famille dans le mur, à s'exclure lui-même de l'histoire du pays, à jeter la France dans la faillite morale. Et à déporter 13 152 personnes sur deux jours. Comment le Nain Jaune, en cet instant, peut-il ne pas voir que si son patron, Pierre Laval, fait office de chef du gouvernement de la France, il ne le fut jamais ? On ne peut pas être la France et le pire à la fois. Les prétendus avantages dont sa politique aurait été la rançon me laissent sans voix.

À bord de cette voiture, j'ai envie de vomir. Je repense à l'étincelant Leclerc, puis à cette phrase de Simone Veil : « Les Justes de France pensaient avoir simplement traversé l'Histoire. En réalité, ils l'ont écrite. » Ces gens-là donnent des raisons d'espérer. Le Nain Jaune si brillant, si stratège, si épris de responsabilité, me désespère.

Pourquoi suis-je moi ?

Soudain, je comprends qu'il va me falloir oser l'aventure de renier mon sang. Pour fuguer loin de notre mythologie. Et faire un usage franc de ma liberté en m'entêtant à ne plus être un Jardin. Ah, comme certaines rétractations sont difficiles… Tant de résistances du dedans et de jugements du dehors surgissent alors ! Surtout de la part des derniers diacres de la religion vichyste qui hantent encore ma tribu ; parfois si sourcilleuse en matière de dévotion. Et que j'aime malgré leur pétainisme endémique, malgré leur conviction que, dans le recul de l'Histoire, la France sera un jour reconnaissante à Vichy d'avoir « atténué son malheur en ne désertant pas ». Je me préfère nouveau, traître et délié.

Parfois, la fidélité est une horreur.

## Sa guerre à neuf ans

Le bolide du Nain Jaune dépasse le château de Charmeil où logent les rhumatismes du maréchal Pétain. On clôt déjà les volets. Depuis que la vieillesse s'est installée en lui, il se couche tôt. Un kilomètre plus tard, la Citroën grimpe un chemin de terre, franchit une grille, une seconde et bloque ses freins devant un autre petit château, plus étroit : le nôtre, la maison des Jardin, qu'un soleil chiche éclaire encore.

Jean respire : l'Allemand n'est pas encore arrivé. Laval non plus.

Il saute de la voiture et s'avance vers la terrasse bordée de buis qui surplombe de trois mètres un pré qui se prolonge, en contrebas du bâtiment principal, par un aérodrome herbeux semi-clandestin ; un champ d'aviation comme on disait alors. Une pensée me traverse : pourquoi ne s'envole-t-il pas ce soir pour Alger, là où sa droiture devrait le conduire ? Ma grand-mère surgit, Simone, superbe plus que jolie. Vibrante, toute de chair éveillée, elle m'apparaît dans le mouvement de sa jeunesse ; inapte aux immobilismes moraux et aux postures des ennuyeux. Elle avertit le Nain Jaune que le Président s'est fait annoncer. Laval sera finalement à l'heure. Partisane des cuissons parfaites, elle s'indigne que la politique se moque des contraintes culinaires. Son rôti de veau sera-t-il cuit à merveille ? Puis, distanciée, elle cite quelques vers de Giraudoux qu'il a laissés sur un billet dans la cuisine avant de s'éclipser.

J'aperçois un enfant de neuf ans en pyjama, embusqué dans un taillis de ronces. Il a mauvaise façon, pas du tout le genre qu'apprécient les gens de bonne naissance qui font dresser leurs enfants en les consignant dans des enclos masculins déguisés en pensions : c'est mon père, Pascal Jardin. Le Zubial a l'âge d'être mon fils. De toute évidence, il n'a cure de vivre avec précaution. Je lui vois la vivacité de mes trois garçons. Déjà, illettré, il est traversé par la littérature ; ne croyant que son regard. Pressé d'imaginer ce qu'il perçoit. Préférant la vérité à la sincérité, les poètes aux géomètres. Prêt à vivre dans le grand vent de la fiction. Aucun adjectif ne lui convient ; à neuf ans, il est déjà un verbe. Percuté par l'invraisemblable d'une vie chaotique, le petit Zubial ne conjugue plus les choses en enfant. Les demi-teintes et les quarts de ton l'ennuient.

Je viens vers lui.

— T'es qui, toi ? me lance-t-il.

— Ton avenir.

— Eh ben il a pas l'air drôle, mon avenir !

— Tu pensais à quoi ?

— À la mort.

— La tienne ?

— Non, je suis pas juif.

— Tu y penses souvent ?

— Des fois, je pense à autre chose. Cinq minutes par jour. Comme tous les gens bizarres qui viennent dormir ici. Quand ils ne baisent pas les filles debout.

— Debout ?

— Pour reprendre espoir m'a dit maman.

Je reste coi devant ce garnement exempté d'enfance, privé d'illusions ; déjà en prise avec la dinguerie du siècle. Et saisi par l'érotisme tout en urgences qui submerge les êtres quand la mort rôde. Ses mots cognent comme des barres de fer.

Un grondement se fait entendre. Nous apercevons au loin, sur la route, le convoi du président Laval qui rapplique à faible allure. Deux motards casqués avec des mitraillettes ouvrent la voie, en éclaireurs, à trois véhicules lourds. Deux énormes Delahaye décapotées, garnies de flics enfouraillés, encadrent une Renault blindée de quatre tonnes commandée avant-guerre pour une visite d'État de la reine d'Angleterre. L'armada gouvernementale s'immobilise devant le terre-plein-terrasse situé sur le devant de la maison. Les policiers s'éjectent lestement de leurs véhicules et prennent position. Le syndic de notre faillite nationale s'extrait enfin de la Renault aux vitres bleutées anti-balles avec sa fille Josée que je reverrai un jour – beaucoup plus tard – chez Maxim's. Jean les accueille. Avec sa voix rocailleuse et sa tête jaune, Pierre Laval a l'air simple et mégalo à la fois. Animé par une modestie surexposée, ce type m'apparaît d'une arrogante humilité ; comme si les larges portes de la prétention lui semblaient ouvertes. Sans doute croit-il à son personnage doté d'une inusable cravate blanche et d'une cigarette américaine ; en oubliant combien il est plus beau d'être une personne.

Le teint crispé, Laval fixe le jeune Pascal – prêt à narguer les bonnes manières – puis regarde le Nain Jaune, comme pour s'assurer qu'il s'agit bien de son fils. Après quoi, il lui sourit longuement avant de me dévisager. Instinctivement, cet intuitif ne me sent pas. Notre contact oculaire est interrompu par l'arrivée de l'immense Mercedes décapotable à compresseur du Dr Rahn, ministre d'Allemagne, posé à l'arrière sur des coussins de cuir rouge vif.

Le Zubial ne reverra jamais plus Pierre Laval et, pourtant, son ombre aura dominé et conditionné toute sa vie ; comme la moitié de la mienne. En cet instant, nous suivons le Président du regard. Somnambulique, il pénètre avec Rahn, sa fille et le Nain Jaune dans notre maison de Charmeil, sans que nous puissions arrêter la course inquiétante de l'Histoire.

Mon tout jeune père m'entraîne alors dans la chambre de ses neuf ans. Habile, il manipule les courroies de cuir cylindriques qui commandent les volets de bois articulés pour les fermer ; puis il me déclare que nous partagerons le même lit, tête-bêche. Exalté, papa me raconte ensuite que sa maman l'a emmené à Vichy au cinéma. À l'Excelsior Palace, bondé d'enthousiasme. Il y a vu, en noir et blanc, quelque chose qui ne se regarde pas sans douleur : des femmes impossibles, des femmes comme il n'en existe pas dans sa vie. Des filles maquillées de perfection et bottées.

— Tu aimes le cinéma ?

— Ouais, c'est là-bas qu'il faut habiter, me répond-il sans hésiter. Dans l'écran, avec elles.

Et il ajoute dans un soupir :

— Pas à Vichy…

Soudain il pose un doigt sur ma bouche. Nous entendons de la musique plus exécutée que jouée. Au rez-de-chaussée, le ministre d'Allemagne s'est mis au piano avec un autre ministre, français celui-là, qui a été convié à souper. Ils jouent à quatre mains furieusement, collaborent à du faux Bach, du Mozart contrefait, du jazz-Bach, du swing-Mozart. Avec un tel entrain franco-alle-mand que les cordes du piano semblent sauter les unes après les autres. Au-dessus de nos têtes retentissent des pas nerveux : quelques présences furtives ont l'air de vivre dans le grenier.

— Qui ça peut être ?

— Des Juifs en cavale, me répond papa comme s'il était normal que ces traqués-là fussent cachés chez le directeur de cabinet de Pierre Laval. Ils ne comprennent pas pourquoi on les chasse. Et toi, t'es qui en vrai ?

— Ton fils. Un deuxième père qui te redonnera la vie quand tu seras mort, en écrivant sur toi.

— C'est compliqué chez nous, me dit-il en se grattant la tête.

— Oui.

— Allez, on dort maintenant.

— Bonne nuit, mon petit père.

— Tu crois qu'on sera enterrés ensemble, plus tard ?

— Non. Toi avec ton père. Moi avec mes enfants.

— Et ta femme ?

— Je serai tout contre elle.

— C'est compliqué chez nous...

Je le prends dans mes bras, comme un fils, comme un enfant tiède que je voudrais rassurer. Et, tout en captant des éclats de voix du Nain Jaune qui, au rez-de-chaussée, continue à collaborer en musique avec le nazisme exterminateur, je m'interroge, le cœur noir. Pourquoi faut-il que pareille indignité soit commise par quelqu'un de bien ? Aurai-je, un jour, le courage de refonder notre famille ?

Tandis que mon père s'endort peu à peu contre moi, je lui parle une dernière fois :

— Plus tard, tu ne pourras pas vivre avec le secret des Jardin. Il te tuera. Tu feras un livre pour le camoufler. Au même âge que toi, j'en ferai un pour l'exposer. Et je vivrai la deuxième partie de ta vie… la mienne. En essayant d'aimer Jean, un jour. Dors, dors, mon petit papa…

REMERCIEMENTS

Naturellement, ma première gratitude va vers Jean-Paul Enthoven, l'éditeur imprévisible de ce livre. Le hasard lui ressemble. Je l'ai déjà dit : sans sa fraternelle intervention, si ferme, sans doute aurais-je repoussé une fois de plus la rédaction de ces aveux. Dizzy me voyait chagriné de paraître encore qui je ne suis pas. Je lui sais gré non de m'éditer mais de veiller sur mon bonheur en publiant mes livres les plus francs. Merci à lui de m'arracher mes masques, un à un.

Ma seconde gratitude me porte vers l'historien Jean-Pierre Azéma, féru des passions françaises qui fermentèrent sous l'Occupation. J'ai connu ses pétillances, ses envolées tripales et ses quintes de toux homériques en première année de Sciences-Po, à Paris : il y fut mon maître de conférences et un authentique professeur de liberté. Aucun dogme ne l'encapuchonnait. Certaines des expressions azémesques me restent dans l'oreille (« *se dépatouiller* d'une difficulté, d'un sujet *croquignolet* », etc.) ; et ses méthodes hardies règnent encore en moi. Elles me débouchaient l'esprit.

J'avais alors faim d'Histoire. Cet érudit enjoué me régalait de ses curiosités multidirectionnelles. Déboussolés par sa gouaille, ses jeunes élèves ne cherchaient pas à juger mais à comprendre. De septembre 1983 à juin 1984, en l'écoutant vissé sur ma chaise, je me suis demandé si cet homme vibrant et de gauche avait deviné qui était mon grand-père paternel. Moi, je savais qui était son père : un journaliste de l'ultra-droite, un esthète tout en coups de menton qui fut pendant la guerre une voix collaborationniste de Radio Paris (« Radio Paris ment, Radio Paris est allemand », rimait alors la Résistance). Ce virulent – antisémite sans bémol –, fasciné par le Belge Degrelle, volontiers radical, n'hésita pas à s'engager en mars 1944 dans la Waffen-SS ; excusez du peu. Avant de fuir en Amérique latine par la filière suisse où il rejoignit d'anciens miliciens qui, comme lui, vomissaient les parleurs *en peau de lapin*. C'est Pierre Assouline, je crois, qui m'avait informé de ces détails biographiques.

Ivre d'enseignement, J.-P. Azéma enseignait donc au tableau et moi, à dix-huit ans, je m'interrogeais en rond : cet universitaire savait-il qui j'étais, de quel passé je me sentais le légataire ?

Vingt-six ans plus tard, un ami m'a procuré son numéro de téléphone. J'ai appelé Azéma pour lui poser la question qui me brûlait alors ; interrogation qui m'était toujours restée fichée au cœur. Eh bien non, mon professeur de 1984 n'ignorait pas mon lignage compliqué ; même s'il n'entrait pas dans ses habitudes de s'interroger sur la famille de ses élèves. L'instinct de l'historien l'avait-il alerté ? J.-P. Azéma avait-il flairé que des interrogations voisines auraient pu nous déranger ?

Je lui ai alors demandé de relire mon manuscrit ; en ajoutant que je ne me serais pas adressé à un autre spécialiste de la période. Je supposais – peut-être à tort – que sa pensée mobile serait, en parcourant mes lignes, tracassée par des émotions parallèles aux miennes ; même si la trajectoire de son père – très absent de son existence, du fait de son exil argentin – reste distincte de celle du Nain Jaune. Et même si je supputais que son ascendance n'est pas la cause première de son engagement professionnel.

Je remercie de tout cœur mon ancien professeur d'avoir relu ma dernière copie. Il m'a aidé à mieux baliser les repères historiques qui étayent ce livre et à clarifier des détails qui, en définitive, n'en sont pas. Il a également contribué à déminer des mots piégés, tout en nuançant mes effrois ; même si, parfois, nos points de vue ont divergé. Je ne prétends pas ici faire œuvre d'historien mais il m'aurait été pénible de signer un document mal vissé. J'ai aimé que la rencontre de l'enseignant et de l'étudiant se termine ainsi, autour d'un verre pris au bar du… Lutetia.

Et puis, je remercie Annie Lacroix-Riz, celle par qui j'ai peu à peu repris contact avec le réel… si difficile à absorber !

*Du même auteur :*

*Aux Éditions Grasset*

1 + 1 + 1..., essai.
LE ROMAN DES JARDIN, roman ; Le Livre de Poche
    n° 30772.
CHAQUE FEMME EST UN ROMAN, roman.
QUINZE ANS APRÈS, roman.

*Aux Éditions Gallimard*

BILLE EN TÊTE, roman (Prix du premier roman 1986) ;
    Folio n° 1919.
LE ZÈBRE, roman (prix Femina 1988) ; Folio n° 2185.
LE PETIT SAUVAGE, roman ; Folio n° 2652.
L'ÎLE DES GAUCHERS, roman ; Folio n° 2912.
LE ZUBIAL ; Folio n° 3206.
AUTOBIOGRAPHIE D'UN AMOUR, roman ; Folio n° 3523.
MADEMOISELLE LIBERTÉ, roman ; Folio n° 3886.
LES COLORIÉS, roman ; Folio n° 4214.
FANFAN, roman ; Folio n° 2373.

Composition réalisée par FACOMPO (Lisieux)

Achevé d'imprimer en janvier 2012 en France par
**CPI BRODARD ET TAUPIN**
La Flèche (Sarthe)
N° d'impression : 67346
Dépôt légal 1re publication : février 2012
LIBRAIRIE GÉNÉRALE FRANÇAISE
31, rue de Fleurus – 75278 Paris Cedex 06